浙江古镇古村落研究系列丛书

屿北

楠溪耕读村 状元归隐地

宋绍杭 赵淑红 邰惠鑫 著

浙江大学出版社
ZHEJIANG UNIVERSITY PRESS

浙江省文化研究工程指导委员会

浙江文化研究工程成果文库总序

习近平

有人将文化比作一条来自老祖宗而又流向未来的河,这是说文化的传统,通过纵向传承和横向传递,生生不息地影响和引领着人们的生存与发展;有人说文化是人类的思想、智慧、信仰、情感和生活的载体、方式和方法,这是将文化作为人们代代相传的生活方式的整体。我们说,文化为群体生活提供规范、方式与环境,文化通过传承为社会进步发挥基础作用,文化会促进或制约经济乃至整个社会的发展。文化的力量,已经深深熔铸在民族的生命力、创造力和凝聚力之中。

在人类文化演化的进程中,各种文化都在其内部生成众多的元素、层次与类型,由此决定了文化的多样性与复杂性。

中国文化的博大精深,来源于其内部生成的多姿多彩;中国文化的历久弥新,取决于其变迁过程中各种元素、层次、类型在内容和结构上通过碰撞、解构、融合而产生的革故鼎新的强大动力。

中国土地广袤、疆域辽阔,不同区域间因自然环境、经济环境、社会环境等诸多方面的差异,建构了不同的区域文化。区域文化如同百川归海,共同汇聚成中国文化的大传统,这种大传统如同春风化雨,渗透于各种区域文化之中。在这个过程中,区域文化如同清溪山泉潺潺不息,在中国文化的共同价值取向下,以自己的独特个性支撑着、引领着本地经济社会的发展。

从区域文化入手,对一地文化的历史与现状展开全面、系统、扎实、有序的研究,一方面可以藉此梳理和弘扬当地的历史传统和文化资源,繁荣和丰富当代的先进文化建设活动,规划和指导未来的文化发展蓝图,增强文化软实力,为全面建设小康社会、加快推进社会主义现代化提供思想保证、精神动力、智力支持和舆论力量；另一方面，这也是深入了解中国文化、研究中国文化、发展中国文化、创新中国文化的重要途径之一。如今，区域文化研究日益受到各地重视，成为我国文化研究走向深入的一个重要标志。我们今天实施浙江文化研究工程，其目的和意义也在于此。

千百年来，浙江人民积淀和传承了一个底蕴深厚的文化传统。这种文化传统的独特性，正在于它令人惊叹的富于创造力的智慧和力量。

浙江文化中富于创造力的基因，早早地出现在其历史的源头。在浙江新石器时代最为著名的跨湖桥、河姆渡、马家浜和良渚的考古文化中，浙江先民们都以不同凡响的作为，在中华民族的文明之源留下了创造和进步的印记。

浙江人民在与时俱进的历史轨迹上一路走来，秉承富于创造力的文化传统，这深深地融汇在一代代浙江人民的血液中，体现在浙江人民的行为上，也在浙江历史上众多杰出人物身上得到充分展示。从大禹的因势利导、敬业治水，到勾践的卧薪尝胆、励精图治；从钱氏的保境安民、纳土归宋，到胡则的为官一任、造福一方；从岳飞、于谦的精忠报国、清白一生，到方孝孺、张苍水的刚正不阿、以身殉国；从沈括的博学多识、精研深究，到竺可桢的科学救国、求是一生；无论是陈亮、叶适的经世致用，还是黄宗羲的工商皆本；无论是王充、王阳明的批判、自觉，还是龚自珍、蔡元培的开明、开放，等等，都展示了浙江深厚的文化底蕴，凝聚了浙江人民求真务实的创造精神。

代代相传的文化创造的作为和精神，从观念、态度、行为方式和价值取向上，孕育、形成和发展了渊源有自的浙江地域文化传统和与时俱进的浙江文化精神，她滋育着浙江的生命力、催生着浙江的凝聚力、激发着浙江的创造力、培植着浙江的竞争力，激励着浙江人民永不自满、永不停息，在各个不同的历史时期不断地超越自我、创业奋进。

悠久深厚、意韵丰富的浙江文化传统，是历史赐予我们的宝贵财富，也是我们开拓未来的丰富资源和不竭动力。党的十六大以来推进浙江新发展的实践，使我们越来越深刻地认识到，与国家实施改革开放大政方针相伴随的浙江经济社会持续快速健康发展的深层原因，就在于浙江深厚的文化底蕴和文化传统与当今时代精神的有机结合，就在于发展先进生产力与发展先进文化的有机结合。今后一个时期浙江能否在全面建设小康社会、加快社会主义现代化建设进程中继续走在前列，很大程度上取决于我们对文化力量的深刻认识、对发展先进文化的高度自觉和对加快建设文化大省的工作力度。我们应该看到，文化的力量最终可以转化为物质的力量，文化的软实力最终可以转化为经济的硬实力。文化要素是综合竞争力的核心要素，文化资源是经济社会发展的重要资源，文化素质是领导者和劳动者的首要素质。因此，研究浙江文化的历史与现状，增强文化软实力，为浙江的现代化建设服务，是浙江人民的共同事业，也是浙江各级党委、政府的重要使命和责任。

2005年7月召开的中共浙江省委十一届八次全会，作出《关于加快建设文化大省的决定》，提出要从增强先进文化凝聚力、解放和发展生产力、增强社会公共服务能力入手，大力实施文明素质工程、文化精品工程、文化研究工程、文化保护工程、文化产业促进工程、文化阵地工程、文化传播工程、文化人才工程等"八项工程"，实施科教兴国和人才强国战略，加快建设教育、科技、卫生、体育等"四个强省"。作为文化建设"八项工程"之一的文化研究工程，其任务就是系统研究浙江文化的历史成就和当代发展，深入挖掘浙江文化底蕴、研究浙江现象、总结浙江经验、指导浙江未来的发展。

浙江文化研究工程将重点研究"今、古、人、文"四个方面，即围绕浙江当代发展问题研究、浙江历史文化专题研究、浙江名人研究、浙江历史文献整理四大板块，开展系统研究，出版系列丛书。在研究内容上，深入挖掘浙江文化底蕴，系统梳理和分析浙江历史文化的内部结构、变化规律和地域特色，坚持和发展浙江精神；研究浙江文化与其他地域文化的异同，厘清浙江文化在中国文化中的地位和相互影响的关系；围绕浙江生动的当代实践，深入解读浙江现象，总结浙江经验，指导浙江发展。在研究力量上，通过课题组织、出版资助、重点研究基地建设、加强省内外大院名校合作、整合各地各部门力量等途径，形成上下联动、学界互动的整体合力。在成果运用上，注重研究成果的学术价值和应用价值，充分发挥其认识世界、传承文明、创新理论、咨政育人、服务社会的重要作用。

我们希望通过实施浙江文化研究工程，努力用浙江历史教育浙江人民、用浙江文化熏陶浙江人民、用浙江精神鼓舞浙江人民、用浙江经验引领浙江人民，进一步激发浙江人民的无穷智慧和伟大创造能力，推动浙江实现又快又好发展。

今天，我们踏着来自历史的河流，受着一方百姓的期许，理应负起使命，至诚奉献，让我们的文化绵延不绝，让我们的创造生生不息。

2006年5月30日于杭州

《浙江文化研究工程》序

　　浙江是中国古代文明的发祥地之一,历史悠久、人文荟萃,素称"文物之邦",从史前文化到古代文明,从近代变革到当代发展,都为中华民族留下了众多弥足珍贵的文化遗产。勤劳智慧的浙江人民历经千百年的传承与创新,在保留自身文化特质的基础上,兼收并蓄外来文化的精华,形成了具有鲜明浙江特色、深厚历史底蕴、丰富思想内涵的地域文化,这是浙江人民共同创造的物质财富和精神财富的结晶,是中华文化中的一朵奇葩。如何更好地使这一文化瑰宝为我们所用、为时代服务,既是历史传承给我们的一项艰巨任务,也是时代赋予我们的一项神圣使命。深入挖掘、整理、探究,不断丰富、发展、创新浙江地域文化,对于进一步充实浙江文化的内涵和拓展浙江文化的外延,进一步增强浙江文化的创新能力、整体实力、综合竞争力,进一步发挥文化在促进浙江经济、政治和社会建设中的作用,具有重要的现实意义和深远的历史意义。

　　改革开放以来,历届浙江省委始终高度重视社会主义文化建设。早在1999年,浙江省委就提出了建设文化大省的目标;2000年,制定了《浙江省建设文化大省纲要》;2005年,作出了《关于加快建设文化大省的决定》,经过全省上下的共同努力,浙江文化大省建设取得了显著成效。

　　浙江文化研究工程是浙江文化建设"八项工程"的重要内容之一,也是迄今为止国内最大的地方文化研究项目之一。该工程旨在以浙江人文社会科学优势学科为基础,以浙江改革开放与现代化建设中的重大理论、现实课题和浙江历史文化为研究重点,着重从"今、古、人、文"四个方面,梳理浙江文明的传承脉络,挖掘浙江文化的深厚底蕴,丰富与时俱进的浙江精神,推出一批在研究浙江和宣传浙江方面具有重大学术影响和良好社会效益的学术成果,培养一支拥有高水平学科带头人的学术梯队,建设一批具有浙江特色的"当代浙江学术"品牌,进一步繁荣和发展哲学社会科学,提升浙江的文化软实力,为浙江全面建设惠及全省人民的小康社会和实现社会主义现代化,提供强大的精神动力、正确的价值导向和有力的智力支持,为提升浙江文化影响力、丰富中华文化宝库作出贡献。

浙江文化研究工程开展三年来,专家学者们潜心研究,善于思考,勇于创新,在浙江当代发展问题研究、浙江历史文化专题研究、浙江名人研究、浙江历史文献整理等诸多研究领域都取得了重要成果,已设立10余个系列400余项研究课题,完成230项课题研究,出版200余部学术专著,发表大量的学术论文,产生了广泛而深远的社会影响。这些阶段性成果,对于加快建设文化大省提供了新的支撑力和推动力。

党的十七大突出强调了加强文化建设、提高国家文化软实力的极端重要性,并对兴起社会主义文化建设新高潮、推动社会主义文化大发展大繁荣作出了全面部署。为深入贯彻落实党的十七大精神,浙江省第十二次党代会提出"创业富民、创新强省"总战略,并坚持把建设先进文化作为推进创业创新的重要支撑。2008年6月,省委召开工作会议,对兴起文化大省建设新高潮、推动浙江社会主义文化大发展大繁荣进行专题部署,制定实施了《浙江省推动文化大发展大繁荣纲要(2008–2012)》,明确提出:今后一个时期我省兴起文化大省建设新高潮、推动文化大发展大繁荣的主要任务是,在加快建设教育强省、科技强省、卫生强省、体育强省的同时,继续深入实施文明素质工程、文化精品工程、文化研究工程、文化保护工程、文化产业促进工程、文化阵地工程、文化传播工程、文化人才工程等文化建设"八项工程",着力建设社会主义核心价值体系、公共文化服务体系、文化产业发展体系等"三大体系",努力使我省文化发展水平与经济社会发展水平相适应,在文化建设方面继续走在前列。

当前，浙江文化建设正站在一个新的历史起点上，既面临千载难逢的机遇，也面对十分严峻的挑战。如何抓住机遇，迎接挑战，始终保持浙江文化旺盛的生命力，更好地发挥文化软实力的重要作用，是需要我们认真研究、不断探索的重大新课题。我们要按照科学发展观的要求，全面实施"创业富民、创新强省"总战略，以更深刻的认识、更开阔的思路、更得力的措施，大力推进浙江文化研究工程，努力回答浙江经济、政治、文化、社会建设和党的建设遇到的各种新问题，努力回答干部群众普遍关心的热点问题，努力形成一批有较高学术价值和社会效益的研究成果。

继续推进浙江文化研究工程，是一件功在当代、利在千秋的事业。我们热切地期待有更多的优秀成果问世，以展示浙江文化的实力，增强浙江文化的竞争力，扩大浙江文化的影响力。

2008年9月10日 于杭州

前　言

近十多年来,楠溪江中上游古村落和耕读文化现象引起了各界的广泛关注,不仅建筑界的同仁对它们充满兴趣,历史学、社会学、经济学、民俗学、地理学、景观学等各方面的专家学者也纷至沓来,被中外旅游者视为陶渊明笔下"世外桃源"般的自然与文化奇观。各学科的专家学者从各个角度对楠溪江古村落和耕读文化现象进行深入研究,试图将楠溪江流域古村落所表现出来的耕读文化现象与建筑空间环境、血缘社会生活与和谐社会理念进行链接,以解答历史、现代与未来的发展问题。

20世纪30年代,费孝通先生对苏南"江村"的社会学研究,引发了人们对中国农村历史和前途的一系列思考。同期,以刘敦桢、梁思成、龙庆忠和刘致平为代表的部分建筑学研究学者则开始了对中国乡土建筑和古村落的考察研究。但直到20世纪80年代,建筑学领域才开始关心村落这个课题,第一部地区性民居建筑专著《浙江民居》的初稿中并没有村落部分,直到1981年正式出版时才增加了"村镇布局"一章。乡土建筑研究视角开始从建筑单体转向建筑群体和村落,从"物质形态"延伸到"文化环境",地理学、社会学、历史学、经济学等理论和方法被引入乡土建筑和古村落研究,不同学科和古村落、乡土建筑的交叉研究已经成为当代古村落和乡土建筑研究理论和方法的主要源流。

楠溪江流域古村落和乡土建筑的系统研究源自于20世纪90年代初,清华大学陈志华先生的"楠溪江中游古村落"研究成果建立了古村落、乡土建筑研究的新视角，开辟了从历史、地理、技术、文化、社会、生态、经济、民俗综合研究乡土建筑的先例。陈志华先生对于乡土建筑研究是以村落整体为对象，深入挖掘建筑内部以及周围环境所蕴涵的历史信息和文化信息，在获取大量准确实测资料的同时，力求对村落建筑的历史文化背景进行深入透彻的分析，深入进行与乡村社会文化密切关联和同步变迁的聚落环境的研究。

20世纪80年代中期，笔者曾是较早一批考察楠溪江中游古村落和秀丽山水风光者之一。交通不便、住宿难觅、环境脏乱、经济落后使同去的一位领导在赞美楠溪江"水美、岩奇、瀑多、林秀、村古"的同时，深感不安和遗憾，当即指示同去的地方领导一定要好好保护楠溪江流域的自然风光、古村落、古建筑，研究和解读楠溪江耕读文化现象，言语间饱含对楠溪江山山水水的真情厚爱，同时也感染着刚从大学毕业不久的我，冥冥中期盼着有一天能为楠溪江自然山水和历史文化保护、经济社会发展贡献自己绵薄之力。浙江省委、省政府大力推动的"浙江省文化研究工程"将古村落纳入了研究的范围，对屿北古村的研究自然就成为笔者申请参加"浙江省文化研究工程"的不二选择。

屿北村地处楠溪江上游，是目前浙江省古村落整体景观保存得最完整的村落之一，19处古宅堂名均源自"四书五经"和历史典故，儒雅清秀，蕴意深刻，家族的期盼、百姓的诉求一目了然。以护村寨墙、寨河为主体，层层递进的村落防卫系统更是南方古村落所独有。如果不是因为楠溪江水利枢纽工程建设的反复曲折，屿北的历史很可能被改写，古村落恐怕早已淹没于寂静的库底，而无缘见天日。在华夏大地上，楠溪江流域古村落和徽州古村落一样，是积淀着深厚历史文化传统和拥有独特民俗民风的百姓生活样本。我们试探着将研究方向朝着过去鲜为人知、封闭落后的楠溪江上游地区推进。

屿北村的整体全貌并不仅仅是几栋古建筑就能代表的，其中蕴涵的耕读文化传统和民风民俗亦是楠溪江流域的典型，社会价值以"学而优则仕"为导向，行为规范以儒家"仁义礼智信"为信

条,"耕以致富,读以荣身"的族规,造就了汪氏家族"父子两尚书,一门三进士"的辉煌。而古老的建筑和其他历史遗址只不过是这种深层次的文化背景和社会特征的历史凝聚与物化形态而已。

本书凝聚了集体的才智,由浙江工业大学城市与建筑研究中心宋绍杭总负责,研究中心的多位教师和建筑学专业学生参与了现场调查、建筑测绘、收集资料、分析数据等工作。赵淑红、邰惠鑫两位老师更是自始至终参与全书的框架构思和讨论定稿,并撰写第五章"千堂万户 一屿为郭"的主要内容。

由于村一级正式统计数字及历史史料的缺乏,我们往往只能从第一手调查或座谈所得,去归纳屿北古村在各个方面的历史概貌和特征。所以,屿北村千年变迁历史及其所代表的楠溪江上游耕读文化内涵并非此书所能全部揭示。希望能通过我们的努力和专业领域的知识,融合经济社会、历史民俗、地理文化等学科成果,以较写实的心态描述出屿北古村的历史发展、建筑特点、村落格局、民俗文化以及在未来发展中屿北村的价值所在。

借此书让世界认识屿北古村、认识楠溪江,让楠溪江和屿北古村走向世界,并期待着屿北古村再现繁荣。

作者

2009年春于浙工大朝晖园

目 录 CONTENTS

屿 北 ： 楠 溪 耕 读 村 状 元 归 隐 地

前 言 ……………………………………………………… 1

第一章 千年屿北 溪山邹鲁

——屿北的地理与历史 ……………………………… 1

一、绵延楠溪 惟此菰田 / 3

二、千年屿北 源远流长 / 7

第二章 崇文重教 诗礼传家

——屿北的耕读文化 ………………………………… 25

一、耕以致富,读以荣身 / 25

二、父子两尚书,一门三进士 / 38

第三章 重农倚林 工于机巧

——屿北的经济概况 ………………………………… 46

一、自给自足的农业经济 / 47

目 录 CONTENTS

二、"舴艋船"的记忆 / 60

第四章 积厚遗远 化民成俗

——屿北的风土与民俗 ……………………………… 65

一、屿北的民间信仰 / 65

二、屿北的社会生活 / 78

三、屿北的民风民俗 / 89

第五章 千堂万户 一屿为郭

——屿北的布局与建筑 ………………………… 99

一、概述 / 99

二、"莲花出水"的村落形胜 / 101

三、朴实儒雅的居住建筑 / 113

四、井然有序的礼制建筑 / 121

五、无处不在的崇祀建筑 / 129

屿 北 ： 楠 溪 耕 读 村 状 元 归 隐 地

六、坚不可摧的寨墙 / 135

七、形式各异的其他建筑 / 140

八、肇于实用的建筑构造特点 / 145

第六章 寄情山水 以文益美

　　——屿北的景观与艺术 ·············· 166

一、山水空间的意境追求 / 166

二、寄托情感的艺术表现 / 170

附 录 ························· 184

一、屿北村各级文物保护单位、文物保护点一览表 / 184

二、旅游小帖士 / 185

后 记——屿北古村的复兴之路 ·············· 187

鸣 谢 ························· 193

3

第一章　千年屿北　溪山邹鲁

——屿北的地理与历史

　　楠溪江古村落是指浙江省南部永嘉县境内沿楠溪江分布、具有共同地域文化背景的传统古村落。这些形态相近、特色鲜明的古村落或建于晚唐，或建于五代，或建于北宋、南宋，晚的则建于元代，是我国东南地区遗存古村落最为密集的地区之一。

　　屿北汪氏族人世代繁衍生息在这片生机盎然的土地上，成为楠溪江血缘古村落的典型。屿北古村位于楠溪江上游的永嘉县岩坦镇境内，因村南有屿山，故名，是楠溪江流域尚存的30余处古村落中历史风貌保存最为完整的村庄之一。屿北村的"十九堂"民居典雅朴素，内涵丰富，村落的选址、布局和宗祠、庙宇、蒙馆、亭阁、戏台、寨墙、寨河、水渠、墓葬等物质形态及古代农耕社会所应有的各个建筑类型、布局要素都十分完备，构成了今天屿北的人居环境和人文景观。2006年，屿北村被命名为浙江省历史文化村镇。

　　屿北古村现存完好的历史风貌与鲍江水库的建设有极大的关系。鲍江水库属于楠溪江水利枢纽工程的骨干工程之一，从20世纪70年代楠溪江水利枢纽工程前期工作开始后的30多年时间，鲍江水库的建设轮廓逐渐清晰，曾先后被列入浙江省和温州市的"八五"计划、"九五"计划和"十五"计划。规划高达120米的水库大坝坝址就在屿北村下游约七八公里的溪口乡鲍江村，大坝建成后将在上游形成15.4平方公里的湖面，而建设水库的代价则是向外移民2.1万人，溪口、屿北两座历史文化名村和文化遗迹将沉没于寂静的水下，楠溪江耕读世家屿北汪氏、溪口戴氏的后裔将失去对先人触景生情的记忆。

正因为工程浩大，影响深远，围绕着水库工程建设的纷争不断，前期论证几度反复。由于鲍江水库的建设要淹没整个屿北村，为了尽可能地减小损失，地方政府一直严格控制屿北的各项建设，最近一二十年来屿北村几乎没有批准建设工程。直到2002年省市两级政府决定对楠溪江水利枢纽工程方案进行调整，以分散建设两个水库的方案代替原规划的鲍江水库方案，整个事情才算尘埃落定。不经意间，屿北古村躲过了20世纪80年代以来商品经济发展大潮对古村落的冲击破坏，一座积厚遗远的千年古村得以幸存，历史文化遗产被完整地保留下来，这实在是屿北乃至整个永嘉县的幸事。

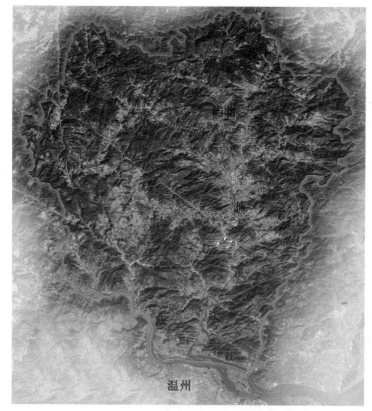

图一—一 永嘉县影像地图

一、绵延楠溪 惟此菰田

我国现存的古村落大致分布在三个区域：一是古代经济文化相对发达，但近现代交通重心发生偏移的地区，典型的如安徽省的皖南徽州地区。二是区域环境相对偏僻独立的地区，如屿北村所在的楠溪江流域。三是小环境相对独立的地形险要处，典型的如赣南地区客家人村落。现代交通不便、经济相对落后、区域环境封闭独立是古村落得以保存下来的共同特点。

温州当地人把瓯江以北直到括苍山与台州仙居县交界的楠溪江沿岸地区泛称为"瓯北"，这与温州市区隔江相望的永嘉县瓯北镇是完全不同的两个概念。这里泛指的"瓯北"地区，其地理主体就是楠溪江流域。由于楠溪江纵贯其中，形成山地、盆地、丘陵、谷地、水域等各种地形兼备的地理单元，自然环

■ 图1-2 楠溪江滩林

境比较封闭，流域内部的向心性强，加之行政区划一直比较稳定，形成了一个相对独立的经济区、文化圈和生活圈。

楠溪江河谷由括苍山脉的3条支脉和雁荡山脉的7条支脉夹合而成，楠溪江支流岩坦溪由括苍山西北向东南延伸的支脉所夹合，两山夹一水的宏观格局，形成岩坦溪河谷北高南低的地貌形胜，崇山峻岭，旷谷幽回。屿北村坐落于岩坦溪东岸，当地人把楠溪江上游的岩坦、屿北、溪口一带称为"菰田"。永嘉清水埠到仙居

千年屿北 溪山邹鲁

第一章

的41省道沿楠溪江而来,村庄东南与东岙村相邻,北与闪坑村、西与岩门村接壤,往南沿公路下行1公里到岩坦镇区,再下行约4公里到溪口,岩坦溪在这里汇入楠溪江干流,沿江顺流南行大约60公里就到了永嘉县城上塘镇。从屿北溯岩坦溪、黄南溪而上20多公里路程就到了林坑、黄南、上坳等古村落,再往北进入到括苍山的大山深处,过了分水岭即台州市的仙居县。

　　登上村北的阳山,放眼眺望,右边是蜿蜒清灵的岩坦溪,左边是绵延苍翠的四海山。岩坦溪水在村南被屏风一样壁立的屿山一挡,流速减缓,长久以往,堆积形成屿山北部河谷冲积小平原,屿北就坐落于凸岸一侧的冲积平原中央。三面青山环抱,西部有岩坦溪流过,形成马蹄形的隐蔽地形。整个村落的地势由岩坦溪向东逐渐抬升,溪流东岸的河漫滩生长着连绵的滩林,减缓凶猛的洪水流速,护卫滩林内的农田和村庄。

■ 图1-3　后棠湾小路

碧溪平阔流缓,宁静的晨光中,水面上浮着一层淡淡的水雾。溪水清澈见底,溪岸滩林浓密,倒映溪水苍翠欲滴;向上游远眺,弯曲绵延的岩坦溪水不知来向和去处,但见山岭重重叠叠、连绵不断,隐于淡雾之中,风光秀美绝伦。南朝陶弘景在《答谢中书书》里曾这样赞美楠溪江:"山川之美,古来共谈。高峰入云,清流见底。两岸石壁,五色交辉。青林翠竹,四时俱备。晓雾将歇,猿鸟乱鸣。夕阳欲颓,沉鳞竞跃。"

正是因为其独特的地形地貌,长期以来楠溪江上游的水陆交通极为不便,被人视为畏途,远离集市的屿北村,处于半封闭半原始状态。岩坦溪以及村旁一条窄而弯曲的石板古道成了过去与外界联系的水陆通道。古时村南的屿山山势陡峭,植被繁茂,为岩坦方向进入屿北的捷径,但又高又险的山路为大多数人所畏惧,村民一般大都沿屿山南后棠湾的小路绕行从东南方向进出村庄。在20世纪上半叶的历次战争中,由于楠溪江上游地区的封闭和交通不便,成为国民党反动统治鞭长莫及的薄弱地区,为共产党领导的人民武装斗争创造了有利条件。中共瓯北中心县委领导机关曾长期驻扎在屿北村,屿北成为白色恐怖下的红色沃土。

20世纪50年代末,村里的有志青年汪益革通过勤奋学习,考上了南京的一所大学,成为新中国成立后村里的第一位大学生。回忆起求学路途上充满艰辛周折的往事,年事已高的汪老先生至今还难以忘怀。从地图上看,屿北村到南京的直线距离大概600公里左右,坐汽车或转火车,大半天时

■ 图1-4　屿北武装起义纪念碑

间就能到达。但是当年却要身背行李先花上一整天时间从村里步行40多公里到沙头;从沙头坐小火轮沿楠溪江下行30多公里到温州市区,再坐长途汽车到金华搭乘火车到南京上学。这样路上要经过步行、轮船、汽车和火车等四种交通方式,而且足足要花上三四天时间,才能从村里赶到学校,这还只是在搭船乘车比较顺畅的情况下才能做到,如果遇到恶劣气候或路阻,那就很难说得准何时才能到达学校。

永嘉县虽不邻海,但从瓯江顺流而下到东海也仅有20多公里路程。楠溪江是瓯江的一条支流,瓯江是浙南最大的河流,也是浙江省第二大江河,它发源于庆元、龙泉交界的百山祖,干流从西而东奔腾近四百公里,在温州注入东海。古人称瓯江"东接沧溟,云涛烟岛,汀洲沙浦,风帆浪楫,四时万象"。

楠溪江由北往南流,在港头汇入瓯江,这里距瓯江入海口已经很近了,潮涨潮落,一直影响到楠溪江中游的沙头镇,在沙头镇可乘小火轮直达温州,通过温州又可以走向全国和海外,因此,沙头镇一度成为楠溪江中上游包括屿北等村落在内的人流、物流的主要集散地,其交通地位相当重要。永嘉县境内有楠溪江、西溪、姑溪和乌牛溪等四条水系,楠溪江是其中最大的水系,干流全长145公里,流域面积达到2429平方公里。整条河流呈树枝状分布,干流大楠溪居中,两侧小楠溪和珍溪为较大支流,大小楠溪在渠口乡九丈滩合二为一,九丈至沙头镇高浦村为中游;沙头以下为下游,海潮可上溯到此;九丈以上为上游。楠溪江曲流摆动,形成36湾、72滩,收放相济,曲直相生。水面宽窄不一,水流缓急变化,水深变化无常,一路接纳岩坦溪、张溪、陡门溪、鹤盛溪、五鼬溪、孤山溪、珍溪、小源溪、古庙溪等九条主要支流,干流干粗根壮,支流枝繁叶茂,在水流的长年冲刷下,形成岩坦、鹤盛、岩头、枫林、花坦、渠口、沙头等主要河谷盆地。流经屿北的岩坦溪是楠溪江的主要支流之一,呈北东走向,河长湾多,主流源头位于海拔1192米的大青岗山,在溪口和大楠溪汇合入楠溪江干流。受地质构造运动和地势的影响,河流溪谷狭窄,黄南口—溪口段的平均比降3.77‰,地貌完整丰富,是一条具有生态完整性、景观多样性的河流。与瓯江隔江相望便是浙江东南沿海大都市——温州。楠溪江、瓯江交汇处的山坡上矗立着谢灵运的塑像,这位南朝时的永嘉太守游历楠溪山水,并写了许多不朽的诗篇,推动了楠溪江腹地的文化事业发展,被后世称为"中国山水诗鼻祖"。永嘉山水自谢灵运后始为天下所知,苏轼有诗赞曰:"自言官长如灵运,能使江山似永嘉。"

古人说:"天下之山,得水为悦;天下之水,得山而止。"水给山带来生气,山使水浩瀚蜿蜒。可以说是括苍山、是楠溪

■ 图1-5 谢灵运像

江,造就了留给后人丰厚精神财富的千年古村——屿北。

二、千年屿北 源远流长

(一)建置与开发

远在4500年前的新石器时代,温州地区就有人类的活动。《尚书·禹贡》称包括浙江在内的广大区域为"扬州地域',当时的中原人对浙江南部的这块荒蛮之地并没有准确的概念。春秋时属越国境域,永嘉距越国国都会稽不过300公里左右,但越国总是着眼于北方,而将这一地区作为国家的后方和避难地带。到公元前约334

年,越国被楚国打败,越国灭,该地属楚国,称为东越,越王后裔纷纷南下避难,其中部分散居于现温州地区。秦统一六国后,属闽中郡。后诸侯叛秦,越君驺摇率越人跟随诸侯灭秦,后又帮助汉灭楚,到西汉惠帝三年(公元前192年)立驺摇为东海王,都东瓯(今温州市),史称东瓯或瓯越,其辖地以瓯江流域为中心,包括今温州、台州和丽水三个地区及其沿海各主要岛屿,瓯越实际上是瓯人和越人大迁徙、大融合的结果。但从秦、汉直到东吴,历代君王相继对东瓯实施的削挤分化、军事干涉、移民充军等政策,导致了瓯人的生存危机和百越时代的结束。以后建制又几经变化,直到东晋明帝太宁元年(323年),分临海郡温峤岭以南置永嘉郡,治永宁县,而成为温州建郡开始。隋文帝开皇五年(589年),改永宁县为永嘉县,作为永嘉县名的开始,当时永嘉县辖域甚广,相当于温州府的范围。永嘉县境范围直到唐代才基本稳定,历五代、宋、元、明、清、民国而基本不变。

　　秦、汉、隋、唐、宋、元等各代的政权大都建都于西北或中原地区,东瓯成为遥远的边陲之地,既没有漠北草原的广袤,也没有天府之国的物产,在历代统治者的地理主观空间中失去意义。东吴、东晋、南朝等朝代的政治中心由于设在了长江中下游及其以南地区,东瓯的地理区位价值才得以提升。而北方的长期战乱也迫使统治者和中原之士开始重新审视东瓯的地理空间意义,选择政治发展和保家全身的新去处, 当有战乱或严重自然灾害发生时,东南沿海的广大地区是避难求生的不二选择。在唐代以前,楠溪江腹地仍荒无人烟,温州地区的开发主要是沿瓯江两岸和滨海地带的平阳、瑞安、苍南等地展开。直到晚唐,因各种原因,或避难,或隐居,或拓荒求生,外来移民陆续进入楠溪江中上游地区定居,历经五代、北宋,至南宋时期基本形成相对稳定的村庄分布格局。到清朝时称屿北为五十二都八里屿北。民国12年,永嘉全县分17个自治区,屿北属水西区岩坦乡屿北村。民国22年永嘉县被划分为10个区,水西区改为第九区。民国23年,推行保甲制度,屿北属岩坦乡第四保。抗日战争和解放战争时期,一度是中共瓯北中心县委驻地。新中国建立后的1950年5月,永嘉分为11个区138个乡,屿北属岩坦乡屿北村。1958年改乡区为人民公社,屿北属岩坦人民公社屿北大队。1984年3月,恢复乡镇制,乡镇以下设行政村,屿北属岩坦区岩坦乡屿北村。1992年3月,永嘉县撤区扩镇并乡,屿北称岩坦镇屿北村。

楠溪江流域经历了几次大规模人口流入,虽然每次人口流入的原因不尽相同,但都对楠溪江流域的社会文化产生了重大影响,外来人口带来的先进文化,使楠溪江流域成为地杰人灵、文风鼎盛的"东南邹鲁"。

第一次是始于西晋的"永嘉之乱",第二次是唐末的"安史之乱",第三次是北宋末年的"靖康之难",这三次都是中原世族南下到达瓯江流域。西晋的中原地区战乱,锋镝所及之处生灵涂炭,田园荒芜,百姓流离失所,辗转沟壑,纷纷逃难。"缘顷逆乱,中夏不宁,士子之流,多投江外,或扶老携幼,久寓他乡。"公元317年,北方汉人大规模南迁,史称"永嘉之乱",其中有一支原主要居于山东、江苏及安徽的士民沿淮水而下,越长江而定居于太湖流域;更远的则到达浙江、福建地区,东晋和南朝宋齐梁陈的名门贵族多属于这一支派。如曾任永嘉太守的王羲之、谢灵运和颜延之等均为晋室南渡的望族,他们既是著名文人,又是地方长官,带来了黄河流域的先进文化,在主观和客观上推进了楠溪江流域的社会和文化发展。唐中叶以后北方战乱频繁,始于天宝十四年(755年)的"安史之乱"持续了八年,"四海南奔似永嘉"的南迁浪潮席卷河南、河北大部分州县,大量的北方移民在淮河、汉江以南各地定居下来,形成湘南岭南、闽南地区、长江沿线等三片移民集中地,并不断向周围地区扩散。南迁改变了本地越人成分,并逐渐成为这一地区的主体。而始于靖康元年(1126年)的"靖康之难"对楠溪江流域社会经济和村落发展的影响则更为深远、直接。宋高宗遏制不住金军的凌厉攻势,无奈之中,打算退往江南。建炎元年(1127年),高宗"徙诸宗室于江淮以避敌,于是南宫北宅皆移江宁府,愿留京师者听之"。专门管辖皇族宗室司法事宜的南外宗正司迁徙至镇江、泉州,西外宗正司则迁徙至扬州、福州。京师官员、豪门望族追随王室,或为了躲避战乱,或为排解官场失意,纷纷变卖家产、田地，开始向南方迁徙，百姓跟随南下者则更多，"高宗南渡，民之从者如归市"。"靖康之难"造成300万北方人南下，大规模迁移使长江流域的文化超过了黄河流域而处于领先地位，中国的经济文化重心逐步移到了江南地区，楠溪江流域也成了官宦文人躲避战乱、图谋发展的隐居之地。自此，永嘉一带经济繁荣，文化进步，人才辈出，耕读文化遂成气候，耕读世家经数代繁衍生息，形成庞大的家族和一村一姓的血缘社会。

在绍兴十一年(1141年)，宋金第二次绍兴和议签订，双方休兵息民，重新划分疆土，此后十余年间，两国相对安定。当时都城临安(现杭州)经济发展、社会繁荣。楠溪江流域因邻近都城，经济文化也获得稳定发展，进入了鼎盛繁荣时期。更有一些文人墨客迁居楠溪江地区以后，从居无定所、颠沛流离的艰难生活状态，转而过上了衣食无忧、舞文弄墨的安定闲逸生活，从内心深处唤醒了沉淀已久的"桃花源情节"，南渡的中原之子有的是满腹经纶之人，纵然穷困潦倒，也不废诗书，"南来清贫家立壁，但有万卷书满楼"，而楠溪江正是中国读书人朝思暮想的山水田园。北方官宦贵族的大量南迁，也使中国的文化重心移到了江南地区，江南由此开始了经济政治上的"人文渊薮"的近千年历史。北方强势文化与南方弱势文化的渗透与融合，使儒家的礼仪制度(伦理)和道家的心灵哲学在这块土地上发扬光大。

福建境内的两次人口北上对整个楠溪江流域的经济文化也产生了很大影响。一次是五代末，闽国大乱，统治者父子兄弟相互残杀，大批闽人北上永嘉。一次是南宋乾道二年特大洪水，闽人逃难，又一次大规模北上在今温州地区定居。楠溪江流域的许多古村落始祖都能追根溯源至福建，闽越文化的渗透和与瓯越文化融合，使温州地区从建筑形式与构造、民风民俗、宗教信仰等方面都带有浓郁的闽越文化痕迹。

（二）徐氏家族的肇起

据历史资料记载，始建于唐代的屿北古村，迄今已有一千多年的历史，是楠溪江中上游最早开发的村落之一，屿北始迁者并非汪氏。历史上徐雷、徐泽兄弟因避乱，从福建长溪（今福建霞浦）葛洪山迁居浙婺州（今金华）之鸡笼山，并在唐天福六年（941年）再迁屿北安居，开基立业，滋生繁衍，徐氏一族渐旺。北宋徽宗崇宁三年（1104年）屿北瘟疫大作，死者甚多，居民纷纷外迁，徐雷七世孙迪功郎迁居高山（今鲤溪乡叶坑），徐公羲徙居山藻（今黄南乡），徐氏家族人口锐减，家道渐渐衰落。第七世徐公仪（1086—1156年），则居枫林双溪头，任教于黄氏家塾。此时，枫林柯氏家族富甲楠溪，声名显赫，宋徽宗崇宁五年（1106年），正逢柯家栽植的一株五色牡丹枝分八股，花蕊盈百，主人以此大开筵席，邀请四方文人墨客来家把酒吟诗长达月余。徐公仪以《咏牡丹》一诗受到楠溪巨富柯氏赏识而被招为婿。

《咏牡丹》诗曰："魏紫姚黄未足夸，元龙百尺有王花，一枝丹萼开连理，两朵红云捧日华。"徐公仪被柯家招为女婿定居枫林后，尽展才华，兼收并蓄各家优秀文化和传统，家道渐兴，族以滋大。据《枫林徐氏宗谱》记载，柯氏家宅曾遭遇大火，室庐尽毁，家道中落。而枫林原有的刘、穆、杭、冯、朱、郭、蒋、王等30多姓家族，

■ 图1-6　古村

随着时间的流逝逐渐式微，唯徐氏独存，在枫林繁衍不息，发展为闻名楠溪的望族，枫林有"楠溪第一村"之称，徐氏后裔视徐公仪为枫林徐氏始祖。虽然徐氏为屿北的始迁祖，但现在我们在屿北能够见到徐氏家族曾经生活过的唯一痕迹，只有祭祀徐氏四世祖和被瘟疫夺去生命的徐氏先人的"荷花坟"及墓碑。

（三）徐汪更替与汪氏开基

汪氏是一个古老的中华姓氏，在当今按姓氏人口多少排序的百家大姓中，居第57位。《论语》载："昔禹会群神于会稽之山，防风氏后至，禹杀而戮之……"上古时期，夏禹治水，会各部落于会稽。有部落酋长防风氏后到，被禹所杀。其部落群众，遂远避湖州山里山（今浙江德清武康一带）而居。久之成为汪芒国，防风氏后以国名为姓氏，称汪芒氏。周时有汪恒被封为太乙王，为汪氏第一世祖。战国时，楚国灭了越国，汪芒氏被攻破，逃入现安徽省歙县及其周围地区，并将姓氏简称为汪氏。

汪氏家族的兴旺始于隋唐时期一个叫汪华的族人。汪华祖籍安徽歙州，在平定隋末地方割据的战斗中英勇善战、攻无不克，在占领了宣、杭、睦、婺、饶五州后，自称"吴王"，因为政英明，威望很高，深得百姓爱戴。隋朝末年为歙州刺史，总管歙、宣、杭、睦、婺、饶等六州的所有军事，据传汪华在管理歙州时军政严明，保郡安民，受到百姓的爱戴。在动乱年代又能识时务、顺天道，率众归唐，使民众免受杀戮，受到唐朝皇帝的赞赏。后唐高宗封其为越国公，贞观十三年（649年）汪华病故后又被追封为徽州府主越国公忠烈汪王，汪氏后裔可立庙祭祀。汪华与夫人钱氏所生的九个儿子，建、璨、达、广、逊、逵、爽、俊、献，皆为衣食紫禄的朝廷命官。汪氏家族从此开始兴旺起来，遍布皖南、浙西及周边各地。宋人邓名世说："今黟、歙之人，十姓九汪，皆华后也"，汪氏被列为皖南四大姓之首。

那么，原本聚居于皖南、浙西的汪氏后人是怎样迁徙到几百公里以外、大山深处的屿北的呢？关于汪氏先人迁徙屿北的历史记载主要见诸汪氏族谱，但具体时间已不可考。如明永乐癸未

（1403年）戴雨时的《永嘉楠溪汪氏族谱序》写道："公之弟应龙,有文学,登甲科,由进士拜奉议大夫。因金兵骚动,秦桧议和,上疏极言(其奸),不应,遂引疾匿名不仕。"明洪熙乙巳(1425年)陈敏的《永嘉楠溪汪氏宗谱序》载："……续因金兵猖獗,奉议遂黄冠野服匿名,徙居吾温之永嘉楠溪菰田。"《永嘉南溪汪氏宗谱宗支图引》载："时值宋室南渡,奉议公以言事忤秦桧,匿名变服……遂挈侄孙茶司于季和徙菰田之汪山根居焉,此诚南溪汪氏之始基祖也。"奉议指汪应辰之弟汪应龙(1120—1185年),原名沄,字圣云,生于江西玉山小叶村,登宋绍兴进士,官至奉议大夫。因金兵南侵,秦桧要求议和,汪应龙上书劝阻,秦桧不答应。于是汪应龙称病辞官隐退,身着平民服装隐居于永嘉菰田(今屿北村附近)。第二年,汪应龙对尚在朝中任职的兄长汪应辰说,永嘉菰田一带位置偏僻,地形复杂,不容易受到外来侵扰,是个安居乐业的好地方。于是为了躲避战乱,兄长汪应辰、侄汪逮及孙辈、随从等一起迁往永嘉楠溪江。应辰、应龙举家"一薰一莸,香履抵温,寻至永嘉岩坦菰田",潜隐于屿北坳外的后棠湾,成为屿北汪氏第一世始祖。戴时雨的《永嘉楠溪汪氏宗谱序》记载,宋渡南,时人厌北兵之惨,皆乐处东南州郡。永嘉又东南之系,素不被兵,奉藏列庙之主,由是永嘉多世家右族。汪氏兄弟迁居菰田后,朝廷仍要汪应辰重新出山,担任要职,但被他婉言谢绝。官场上失意的汪应辰、汪应龙兄弟和那个年代众多政治上落寞官员一样,惧祸而退隐田园,到远离尘世扰攘的地方,平静地面对险恶的政坛风云和社会动荡。

　　或许是觉得风水欠佳,或许是在枫林发展更具前途,经历200年前那场大瘟疫后,徐氏家族陆续迁徙至楠溪江中游的枫林等地;而汪氏后裔则不断迁居屿北,遂成为屿北大姓望族。延祐年间(1320年)汪应龙之六世孙汪天祐,入赘屿北徐氏,迁至现屿北村所在地。汪氏族谱对汪氏迁居屿北言之凿凿,说法基本一致,但在什么时间迁居菰田后棠湾却没有明确的交代。从时间上推算,如果汪应龙因得罪秦桧而官场失意,在秦桧在世时迁入,则应该在1155年前。又《永嘉南溪汪氏宗谱宗支图引》写道："奉议之孙平阳州尹彪之子千一祖……州尹公次子千六祖之孙茂八,赘屿北徐氏,徙居屿北。"奉议(大夫)即屿北汪氏始祖汪应龙(1120—1185年),州尹公次子千六祖之孙茂八,名汪天佑,字如山(1265—1345年),入赘屿北徐中四公之女,于延祐七年(1320年)迁居屿北。汪应龙第六代孙迁居现屿北村距汪应龙迁居菰田的时间在160年左右,平均一代在30岁左右,从时间上推算应该比较可信。明朱谏作序《楠溪汪氏族谱》曰:"菰田、霞山之祖实应龙始也,霞山之祖又以遇龟始焉,故谱永嘉之派者,不得不以应龙为始。谱应龙为始祖,则其偕迁者有应辰之子孙,又不能不上系于应辰……菰田、霞山,必曰应辰之后,犹徽人之汪姓者,必曰汪王之后也。"表明现屿北各房派皆为应龙后裔,以后的漫长岁月中,虽有个别姓氏和当地世居者因亲戚朋友的关系杂居其间,但都无繁衍发展,屿北成为汪氏单姓的血缘村落,是楠溪江流域又一处官吏避隐政坛、寻求安宁、休养生息的家族村落。

由于徐氏陆续外迁到楠溪江中游的枫林发展,一段时间,屿北人烟稀少,土地荒芜,汪氏后裔入赘,从后棠湾迁到了屿北后,晴耕雨读,辛勤劳动,一方面身体力行,躬耕农业,先后开垦良田600余亩,解除汪氏族人的衣食之忧;另一方面勤奋读书,不废学业。耕读之风,由此滋生,蔚为习俗,"伊洛微言持敬始,永嘉前辈读书多"。

屿北村的历史演变大致为:始建于晚唐,兴起于宋代,衰微于元、明,1949年中华人民共和国成立后,进入新的发展时期。一千多年间,世道的风云变幻,对屿北的影响很大,但屿北村汪氏家族始终凝聚不散,支系分明,子孙繁衍。虽然由于自然灾害、疾病瘟疫、社会动乱、战争纷乱等原因,屿北汪氏家族发展时有起伏,但从总体上来看,屿北氏族村落结构较稳固,呈现传统血缘村落典型特征。

据族谱和有关资料记载,永嘉县汪姓始祖为汪应辰、汪应龙兄弟,主要分布在屿北村和岩坦镇所辖的闪坑、岩坦、岩门等村和县内花坦乡霞山村等处,子嗣总数已有万人之众。到20世纪30年代,屿北村约200多户,近1000人;到1949年中华人民共和国建立前后,全村人口600人左右。到2005年底,全村总面积2.8平方公里,耕地面积605亩,宜林山地12000亩,全村452户,90%以上为汪姓,有户籍人口1459人,是典型的单姓家族村落。

(四) 红色沃土

屿北村具有光荣的革命历史,是中国共产党领导的武装革命斗争根据地之一,在大革命、土地革命战争、抗日战争和解放战争等四个中国历史的重要阶段,在屿北的土地上都有共产党人前仆后继,英勇奋斗,为争取民族独立和人民解放进行艰苦卓绝的斗争,使屿北这座千年古村成为红色沃土,屿北人民为革命胜利付出了重大牺牲,革命先烈的丰功伟绩与天地同在,与日月同辉;他们的精神万古长青,永远是屿北村落发展历史中最值得浓墨重彩的一笔。

楠溪江上游小山村——屿北,一直以自然经济的小农生产方式为基础,过着自给自足的简朴生活。然而人多地少,天灾人祸使提倡"耕以致富,读以荣身"的汪氏后裔在近代帝国主义列强入侵和国民党反动统治下,过着水深火热的生活。土豪劣绅勾结地痞流氓,对百姓敲诈勒索,无恶不作,形成了鱼肉乡里的剥削阶层,而大多数村民深陷贫穷之中,一日三餐都难以温饱,谈何耕田致富,读书成名。理想的破灭、生活的贫穷使屿北人民渴望翻身解放,彻底改变半殖民半封建社会的黑暗现状。

1. 红色种子,萌芽生长

永嘉潘坑乡人谢文锦,1921年加入中国共产党,与刘少奇、任弼时、肖劲光、罗亦农、汪寿华等第一批赴苏联东方大学学习,曾任中共中央秘书,是"五卅运动"的主要领导人之一,温州地区共产党组织创始人。1924年8月,中共中央为开辟和发展浙南地区的党组织,派谢文锦回到永嘉县北部山区宣传马克思主义,筹建党团组织。谢文锦在妻子汪味辛以及胡识因、胡公冕和郑侧尘夫妇的陪同下回到屿北村岳父、岳母汪瑞云、胡玉香家,在屿北期间,谢文锦广泛宣传马克思主义,走家串户访贫问苦,以探亲会友、召集朋友座谈、召开演讲会等形式,在学生、工人和农民中开展革命宣传活动,传播马克思主义,分析革命形势,深入浅出地讲农民为什么贫苦，怎么样才能翻身得解放，为组建党的基层组织作思想和理论上的准备。谢文锦为组建中共组织做了大量的准备工作，不久便吸收发展了胡识因、郑恻尘等一批先进分子入党，并于同年12月成立中共温州独立支部，胡识因任书记，直属中共中央领导，1925年8月，温州独立支部改属上海区委领导。

从此屿北古村打上了红色烙印，加入共产主义革命斗争的伟大洪流之中。1927年国民党反动派发动"四一二"政变，时任中共南京地委书记的谢文锦被国民党以极其残忍的手段杀害，壮烈牺牲。此后全国革命转入低潮，温州地区一片白色恐怖，但是，谢文锦烈士播下的革命种子，却在屿北生根发芽茁壮成长。

2. 积蓄力量，坚持斗争

1930年1月，党中央巡视员金贯真在瑞安召开了永嘉中心县委第二次扩大会议，拟定了永嘉西楠溪江、瑞安西区、平阳江南为游击战争中心区域，组建红军。中央军委先后派遣胡公冕、陈文杰到永嘉，发动群众，组织农民武装。4月，中国工农红军第十三军正式成立，胡公冕任军长。屿北村以汪瑞烈领头的20多位热血青年和邻村的一批村民，放下锄头，参加红军。到夏秋之际，红十三军已拥有6000多人，10月份，红军在攻打平阳、瑞安和壶镇战斗中损失惨重，主要领导人先后牺牲和离去。到1932年4月，胡公冕等红军主要领导人分别被捕和遇害，红十三军宣告失败，原红军战士退隐家乡。红十三军坚持革命斗争长达4年，活动遍及浙南温州、台州、丽水和金华地区的20多个县，经历了大小百余次战斗，在浙江党的历史上产生了重要影响，屿北儿女汪瑞敬、汪瑞恩、汪宜正等先后在革命斗争中壮烈牺牲。

红十三军失败后，汪瑞烈遵照胡公冕的指示召开骨干会议，秘密商议对策，决定将红军剩余部分成立若干小队，分散隐蔽活动，以屿北村为秘密联络中心，继续发动组织群众与国民党反动派进行斗争。此后的几年，在白色恐怖和极端困难的形势下，屿北村民不惜以自己的生命保护红军战士和共产党员，在西楠溪地区坚持斗争的九支红军余部，先后打败了省保安部队的三次"进剿"，在极其艰难困苦的情况下，部分红十三军余部一直坚持到抗战爆发。屿北的红色火种犹存,革命红旗不倒。

3. 红色沃土,抗战堡垒

1937年间,党组织派胡国洲同志到屿北小学,以教书为名开展地下工作,在村民中传播革命思想,他结识了汪瑞烈,对他在革命低潮、白色恐怖的严峻形势下坚持革命信念予以充分肯定,远大的理想、共同的志向、坎坷的经历使两人成为革命挚友。

1939年共产党员谢庆生以教书为掩护,来到屿北小学,秘密发展地下党组织,屿北村先后又有十多位青年加入中国共产党,建立了两个秘密党小组,并采用单线联系,后因谢庆生同志被捕牺牲,屿北的党员与上级党组织失去了联系。

1940年春,党组织又派胡国洲同志到屿北进行党的活动。胡国洲向汪瑞烈、汪吉仁、汪德威等人传达党在抗日战争中的方针政策,要求利用国共合作的新形势,成立贫雇农协会,同时发动群众进行二五减租减息①,通过竞选乡保长,即建立"白皮红心"政权②,设法控制农村乡村政权,以便更有利地开展党的工作。村民推举汪吉仁同志担任贫协会主任,按照党的指示,屿北村发动群众进行减租减息,在夏粮收获前青黄不接的困难季节,强令地主开仓平价卖粮,帮助贫困百姓渡过难关;为了减轻村民负担,办好村小学,村里还决定削减"养贤租",拨出宗族共有的"众款"资助办学,以使更多的儿童能上学;动员村民投工投劳,修桥筑路,进行村庄公共设施的维护建设。党在群众中的威信更高了,影响力更大了,贫苦农民得到了实实在在的好处,增强了党的凝聚力。屿北村事实上已经成为共产党领导下的一片红色沃土。

1942年2月,中共浙江省委书记刘英在温州被捕,省委机关被破坏,国民党反动政府在浙南掀起反共高潮。中共瓯北县委机关的安全也受到极大威胁,8月县委机关由南岙村迁到屿北村的钟寿堂,后又迁至汪吉仁家,县委机关迁到屿北后,以屿北为永嘉县的革命中心,指挥瓯江以北地区的抗日斗争。

1943年冬,瓯北县委机关暴露,汪瑞烈从统战对象处获得情报,国民党军队准备偷袭屿北,企图一举摧毁我县委机关,捉拿县委主要领导人。汪瑞烈立即向上级报告,并连夜和瓯北县委机关转移到三面山村。正月十八日清晨，国民党曹集云部突然包围了屿北，闯入民房搜索抢劫掳掠，县委机关驻所被洗劫一空。此后，屿北成了国民党的眼中钉，国民党到处张贴通缉令，重金悬赏，千方百计地想抓住汪瑞烈等共产党员。

而此时瓯北县委主要领导已经深入到永（嘉）仙（居）黄（岩）边界的括苍山深处，在顽军大肆"围剿"的情况下，宣传发动群众，组织武装力量，为公开发动游击战争，成立抗日武装队伍做好了政治上、组织上和思想上的准备。

1945年农历正月十八日清晨，驻溪口的顽军潘善藏部30多人，协同岩坦伪警察所20余人偷袭屿北，抗日民兵奋起反击，揭开了屿北五次反"围剿"战斗的序幕。屿北的抗日民兵有40多人，他们白天下田上山劳动，晚上集中休息。正月十七日晚顽军包围屿北，遇上了正挑着黄豆去鲤溪的汪传文，便逼他带路搜查，先后到新垟祠堂、汪玉祥家等，均扑空。这就引起村里狗吠声四起，惊醒了在新垟汪志成家二楼睡着的20多位民兵，有人急喊敌人来了，民兵们紧急起床，准备战斗。这时一楼厅堂大门已被顽军捣开，情况十分危急，汪学池拿枪到扶梯口，见扶梯脚有敌人要上楼，立即推子弹上膛，发出的声响吓得顽军转身就往外跑。汪学池立即朝着敌人开枪，楼上其他民兵也从二楼窗口朝楼下射击，一时枪声大作。火药土枪射击的"轰！轰！轰！"的声音被敌人误认为是手榴弹的爆炸声，顿时阵脚大乱，而我们民兵有枪的拿枪，没枪的拿起锄头、柴刀、扁担、棍棒追赶敌人，打得顽军落荒而逃。这次战斗抓获顽军2人，打伤1人，缴获步枪3支。这是共产党领导下的人民武装第一次在屿北与顽军正面战斗中取得的胜利，极大地鼓舞了屿北和整个瓯北地区人民的革命士气。

顽军逃回溪口后又纠集100余士兵、警察及紧随其后的地痞流氓，对屿北发动第二次进攻。由于屿北村周围有高大寨墙、寨河围合，易守难攻，屿北民兵依靠寨墙和敌人战斗，阻敌于村外，战斗一直打到天黑，敌人全线溃败。屿北民兵乘胜追击，一路攻占岩坦警察所和乡公所，缴获枪支10余支，军服一批。这次战斗敌人死伤人员7人，而我抗日民兵无一伤亡。

　　国民党反动派对屿北的进攻屡战屡败,温州专员张宝琛暴跳如雷,于3月中旬调集300多人的杂牌军兵分三路,从东北、东南和北部三个方向再次包围和进攻屿北,企图将抗日武装一网打尽,在屿北抗日武装队伍的英勇打击下,敌人死伤几十人后又败退逃窜。这次战斗中,3位同志光荣牺牲,百年老房——新垟祠堂被敌人付之一炬,化为灰烬。张宝琛十万火急发电报到云和,向省主席黄绍竑求救,请求调遣正规军围剿。

　　瓯北县委领导民兵武装,在永嘉屿北自卫反击,打败了反共的地方自卫队,乘胜追缴了岩坦乡公所和警察所的20多支枪及一批军用物资,这次战斗史称"屿北抗日武装起义"。屿北起义的枪声像闪电般划破楠溪江上空的乌云!附近的闪坑、源头、岩坦、蛙蟆垅、西塘等地民兵都来支援屿北,中共瓯北县委决定将抗日民兵以屿北40多人为基础编为游击队,组成了一支90多人的武装队伍,公开打出了抗日的旗帜,与乐清和瓯江南岸的抗日游击活动遥相呼应,革命烈火在楠溪江上游熊熊燃烧起来了。

　　一支当时在老区群众中广为流行的《屿北战斗歌》描述了战斗情况,颂扬了共产党领导和武装斗争的胜利。歌中唱到:"反动派到屿北敲竹杠,百姓齐起来反抗,背锄头拿柴刀,喊缴枪叫拔牢,反动派拼命逃……共产党是人民的大救星,领导老百姓来革命,反贼兵反贪官,行民主争自由,老百姓才翻身。"

　　屿北战斗的胜利,使永嘉的革命形势很快改观。3月21日,华中局给浙南特委的电报指出:"浙南为我党将来打通闽浙联络并配合盟军作战有重大战略意义的地区;浙南随我军在闽浙的发展和盟军在浙登陆日期的迫近而日益表现出其特殊重要性。""目前浙南发展方向:瓯江以南敌后地区和瓯北沿海沿山地区,面向浙东逐步蔓延,愈撒得开、霸得远愈好。"

　　1945年3月30日,浙南特委根据华中局指示精神和永嘉、乐清两县的斗争情况,发出命令,成立中共瓯北中心县委,统一领导瓯江以北地区党和军队工作,胡景瑊同志为书记。将永嘉和乐清两支人民武装力量组合为一个整体,统一行动,统一指挥,并命名为永乐人民抗日游击自卫总队,下设十个中队,永嘉西楠溪地区组建第九、第十一、第十三、第十四等四个中队，其中第九、第十三中队以屿北村为驻地，继续开展武装斗争。

1945年4月，国民党反动派调来了二十一师的一个营，一路从东面，一路从南面，兵分两路发动了第四次"清剿"。县委和屿北百姓已经先期渡过岩坦溪，留下一个空村。当夜九中队从东面、十三中队从西面反包围已进入屿北的敌人。我游击战士英勇顽强地与敌人激战一天，迫使敌人收缩战线，龟缩于屿北村内，战斗的枪声此起彼伏，满山遍野好像都是游击战士，敌人深恐陷入人民战争的汪洋大海之中，连夜败退而逃。

1945年5月，国民党反动派发动第五次"清剿"。一共调集了三十三师、二十一师各一部、二十军的学兵营、浙江保安三团、四团加上地方自卫队，总人数6000余人，"围剿"永乐总队。面对十倍于己的顽军进攻，我游击部队除留少数人员坚持原地斗争外，两个中队主力分散转移到外线山区，开辟新的游击根据地和活动地区，并不断骚扰和打击敌人。顽军占据屿北期间，540多间房屋，人民群众的财产被洗劫一空。

1945年8月，日本宣布无条件投降，中国人民的抗日战争取得了伟大胜利。从1945年3月屿北武装起义开始，以屿北民兵和以此为基础组建的九中队、十三中队先后经过7次大小战斗，粉碎了敌人5次"围剿"计划，适应了新四军向东南沿海发展的战略意图，对中共在该地区的武装斗争发展，发挥了积极重要的作用。

4. 前赴后继，迎来曙光

1945年11月，根据形势的发展，浙南特委决定，对永乐人民抗日游击自卫总队实行精简。12月撤销"永乐人民抗日游击自卫总队"的番号和建制，动员大部分战士返回原籍，一部分骨干调地方工作。同时保留骨干100多人，组成8个武工队，汪瑞烈任队长的屿北武工队继续以屿北为中心进行活动。1946年3月遵照上级党组织的指示，撤销武工队，主要领导汪瑞烈、汪吉仁、汪祥毕、汪德威、汪英士、汪祥波、汪东京等人转入地下工作，他们在屿北的亲属则到外地的亲友家暂避，离开屿北。

1946年6月，蒋介石撕毁"双十协议"，首先包围进攻我中原解放区,内战全面爆发。浙江的国民党反动派将全省"清乡"列为该年下半年的主要任务,将全省划分为3个"绥靖"区11个"清剿"区,调兵遣将,准备一举"剿灭"留在浙江的中共组织和人民革命力量。浙南地区也是国民党重点武装"清剿"区。11月在永嘉枫林成立"绥靖"办事处,国民党共调集约四个团的兵力对浙南地区进行武装"清剿"。"浙保"第二纵队司令裘时杰坐镇枫林指挥,提出"决以主力肃清永乐地区股匪","由西北向东南扫荡","务必将匪压迫至玉环温岭附近滨海以歼灭之"。国民党为了达到彻底消灭共产党的目的,采取了"三分军事七分政治"的策略,将屿北划村为牢,在岗北双山顶修建碉堡监视屿北,还强迫村民自首登记,实行"保甲连坐法"等措施,宣布"十杀令"、"六禁止"等,肆意对手无寸铁的革命同志严刑拷打,斩尽杀绝,对屿北村烧杀抢掠,给群众带来了深重的灾难。原抗日总队九中队中队长汪普生被施以酷刑割去了耳朵,和汪忠元、汪瑞玉等被国民党杀害,汪宝龙、汪集柱、汪春宜、汪日丰等被判刑坐牢,受尽苦难。敌人的白色恐怖与残酷镇压,激起了屿北人民的强烈反抗。

隐蔽在外的中共组织和武装在严酷的环境下顽强地坚持了

■ 图1-7 屿北远眺

下来，为实现从隐蔽精干到游击战争的转变，准备了基本骨干队伍。1947年1月，党组织根据浙南特委的指示，重新组建了大荆、四都、屿北等3支武工队，时任屿北区委书记的汪瑞烈兼任队长，万文达任指导员，当时仅有15名队员，大部分是久经考验、隐蔽下来的老游击战士，其中有汪瑞烈、汪吉仁、汪东京、汪英士和汪益贤等5名屿北籍干部战士。之后，屿北村的一批热血青年相继投身革命，参加到争取人民解放的革命斗争中去。

屿北的革命志士在红十三军、抗日游击队的前辈和革命先烈的感召下，继承不怕艰难困苦、不怕牺牲的革命精神，前赴后继，英勇战斗。如汪祥蔡先后参加了14次大小战斗，在担任突击组组长的3次战斗中就歼敌50余人，缴获轻重机枪3挺、重型迫击炮1门、步枪340多支、手枪25支。只有15人的武工队在不到2年半时间，已壮大到300多人。屿北儿女的革命事迹唤醒了掩藏在深山中的千年古村，为这块红色土地增添了宝贵的精神财富，是中国共产党领导瓯北人民进行新民主主义革命斗争的缩影。

注 释：

① 二五减租减息：是共产党对地主实行的一种政策。地主无论是何种租佃形式，有按原租额减去25%，也有按原租额减去30%或40%的，减息除了明显属于高利贷外，一般由借贷双方自行协商解决，以减轻农民被剥削程度。

② 所谓"白皮红心"政权，就是基本上或原封不动地保留国民党乡镇保甲组织形式，而由爱国进步人士、基本群众或秘密党员出任这些组织的主要成员。表面上这里还是国民党的乡、镇、保长在执掌政权，实质上这些人的心都向着共产党，周围的群众也都团结在共产党的周围，国民党的保甲组织已是"名存实亡"。这是楠溪江流域党组织与国民党顽固派经过反复斗争，付出很大代价发展起来的。它在敌强我弱的国民党统治区起到了党的组织、武工队和公开的红色政权无法起到的作用。

本章参考资料

[1] "徐氏宗亲网"(www.xu-shi.com)

[2] 《全唐文》卷四三《(肃宗)加恩处分流贬官员诏》,中华书局,
1993年

[3] 任崇岳著:《中原移民简史》,第75—78页,第110—129页,河
南人民出版社,2006年

[4] 李心传:《建炎以来系年要录》卷七,建炎元年七月,台湾文海
出版社,1980年

[5] 《宋史》卷一七八《食货志上六》

[6] 张孝祥:《于湖居士集·赠张钦州》,上海古籍出版社,1997年

[7] 王瓒、蔡方编纂,胡珠生校注:《弘治温州府志》,上海社会科
学院出版社,2006年

[8] 魏紫姚黄:唐时的牡丹花名种,魏和姚是两位栽培牡丹的名
士,魏紫是牡丹花王,姚黄是牡丹花后,因为不符合尚王观,
宋时改为姚黄魏紫,姚黄升为花王,魏紫降为王后。黄色是五
色之一,《易经》说"天玄而地黄",在古代阴阳五行学说中,五
色配五行和五方位,土居,故黄色为中央正色。《易经》中又
说:"君子黄中通理,正位居体,美在其中,而畅于四支,发于
事业,美之至也。"所以黄色自古以来就被当作是居中的正统
颜色,为中和之色,居于诸色之上,被认为是最美的颜色。红
色给人以希望和满足,所以能够产生美感,古代红妆代表妇
女的盛装;明朝规定,凡专送皇帝的奏章必须为红色;民间更
以红色为喜庆颜色,被大量用于结婚、做寿、生子以及节假庆
典等民俗活动中。

[9] 潘智化、谢文东:《屿北"尚书祠":抹去尘埃放光芒》,《永嘉
报》,2001年10月24日

[10] 余英:《中国东南系建筑区划类型研究》,中国建筑工业出版
社,2001年

[11] 汪益贤、汪送德、汪益革:《屿北革命根据地——纪念屿北抗
日武装起义六十周年》,打印稿,2006年

[12] 中共浙江省委党史研究室编：《中共浙江党史(第一卷)》，中共党史出版社，2002年

[13] 徐崇统主编：《千年屿北》，浙江大学出版社，2006年

[14] 楼庆西：《中国古建筑二十讲》，生活·读书·新知三联书店，2001年

[15] 拔牢：当地话是抓住的意思。

[16] 《陆军第八十八军清剿浙东歼匪实施计划(摘录)》，《中共浙江党史(第一卷)》，中共党史出版社，2002年

[17] 中共永嘉县委党史研究室、永嘉县新四军研究会、中共永嘉岩坦镇委员会：《屿北抗日武装起义纪念文集》，2005年

[18] 《中共中央华中局关于浙南工作的指示》，1945年3月21日，《浙南——南方革命的一个战略支点》，中共党史出版社，1991年版，第132、133页

[19] 郭洁萌：《百家姓书库——汪》，陕西人民出版社、远东出版(新加坡)公司，2002年4月

[20] 刘沛林：《古村落：和谐的人居空间》，上海三联书店，1997年

[21] (明)朱良暹：《永嘉楠溪汪氏宗谱序》

[22] 胡天舒：《从"为农民服务"到"农民自己的银行"——专访广东金融学院中国金融转型与发展研究中心主任陆磊》，《南方周末》，2007年1月4日

[23] (明)陈敏：《永嘉楠溪汪氏宗谱序》

[24] 《明太祖洪武实录》卷七五

第二章　崇文重教　诗礼传家

——屿北的耕读文化

一、耕以致富，读以荣身

明洪武年间任永嘉县学教谕的张孟仪感叹道："宋兴，崇尚文教。是邦僻在海隅，号小邹鲁，风流余响，迨今犹存。"旧志书中记载，永嘉"素好多士，学有渊源，近世名流胜士，继踵而出"。宋室南渡，永嘉文化更为一时之盛。特别是永嘉楠溪，号称溪山邹鲁，是孕育永嘉学派事功学说、永嘉四灵诗派和永嘉杂剧艺术的一方沃土。

在宗法社会的传统血缘村落里，"耕读传家"是人们根深蒂固的生活理想，在屿北这种理想显得更为强烈和迫切。屿北始迁祖汪应辰兄弟为躲避奸臣迫害迁徙而来，隐居于后棠湾。在饱经离乱之苦、千里颠簸后，为了在新家园实现光宗耀祖、重振家风的理想，势必要耕耘读书齐头并进，续写家族的辉煌，因此，耕读传家成为宗族的内在动力和要求。同时，永嘉历代地方长官，化民为俗，提倡读书，促成楠溪江流域重视教育、文风蔚然。

屿北村等血缘古村落不仅有着建筑空间种类和形态上的共性，也有耕读文化本质上的一致性。耕即农耕，这是农民的生存之本；读即读书，这是农民进仕的唯一途径。楠溪江中上游的任何村落都决不怠慢读书。

（一）诗书继美　科举入仕

　　隋唐以来,科举制度成了学而优则仕的途径,官吏的选拔大多由科举而来。这样,士庶的界线就为科举所突破,只要科举中试,破落户、穷秀才都可以像范进中举那样陡然富贵,平步青云。宋仁宗时,采取鼓励读书政策,建立州县立学,规定学士必须在本乡读书应试,经商者和他们的子弟不得参加科举考试,各科进士榜名的人数,给南方诸省规定了优惠的最低配额。于是永嘉各地的私塾(蒙馆)、书院、县学等迅速发展,文风大兴,村内堂堂设"蒙馆","诗书继美,比户可封,游庠之士,指不胜屈"。家家户户以耕读为荣,正所谓"地瘦栽松柏,家贫子读书"。

　　1. "蒙馆"与儿童的启蒙教育

　　南方各地,勤于读书、习文重儒的民风,是提升教育的重要力量,对于官私创办的教育设施起着相辅相成的衬托作用。家庭教育是不可缺少的环节,多数人才是在家庭的熏陶下成长的。早期的书院大多设在农村,靠田产来维持,并带有反对城市的"山林隐逸"哲学。屿北把私塾称为"蒙馆"或"书院",其性质和形式基本相同,都是教书育人的场所。不过私塾大多数是一家或几家共聘一个教师,教育子女。而书院相对正规一些,是由一个村或几个村联合聘请教师教育全村儿童。所用教材,初用《蒙求》、《教子》、《三字经》、《弟子规》、《百家姓》、《千字文》等,继读国学经典,如《论语》、《孟子》、《诗经》等。读了数年书后,再入童生馆学习,到了有一定文化程度了,便入县学参加科举考试,简称"县试"。"县试"及格者称"生员",即秀才,形成了科举时代从"蒙馆"、"书院"起步的完整的初级教育。

　　汪氏家族受耕读文化的熏陶,非常重视子女的教育,认为"谓大其族,必先昌其材,子弟不材,族之所由弊也"。屿北村最早的私塾即"蒙馆"设在新垟汪家的"三进九明堂"中,大屋的主人富甲一方,对读书很重视。新垟汪家有四世师傅,意思是一位教师在新垟汪家连续教学四代,全家的每个儿童都受到启蒙教育,并形成了新垟汪家喜好读书的良好家风。清朝时,屿北设立书院,聘请港头李宅邑庠生李国佃先生、溪口地方邑庠生戴显培先生、屿北汪家银先生在书院任教,屿北各家各户竞相送孩子去读书,期盼他们读书入仕。

由于古代民居建筑是被中国文化里的"家"的文化话语体系所构架,"家"不仅是生养我们的地方,更是人生第一课堂与教师。而一般的私塾又往往设置在"家"中的堂,由堂来构建"家"的文化理念。堂与私塾的合一赋予了与其他建筑空间不同的文化基因、血脉传承的任务。在过去大多数人没有机会进入学校得到教化,私塾和堂成为教育人格的主要途径。因此,孩子入"蒙馆"或"书院"就学历来说是很隆重的一件大事,入学时的规矩和礼貌必不可少,须经过拜师、拜圣、学福等过程,方能正式入学。

儿童入学得由父母陪送到私塾,父母将孩子的个性脾气向老师介绍,并婉言请老师殷勤教诲,然后指点孩子拜见老师。老师即教孩子拜师的姿势和程序,然后,老师端坐上座,孩子依照老师所教的姿势和程序三拜完毕后,再由老师带到孔圣人像前恭恭敬敬地叩拜圣人,礼毕,即开始孩子的求学教育。孩子们入学满月后,举办一次师生共同聚餐,称为"学福",想来是学习有福、学生有福的意思,也是孩子正式进入学习阶段的一个标志,师生都得按规矩办事。先由教师命孩子向其父母索酒一壶、米一升、肉一片,送交老师,老师的母亲负责烧煮菜肴,师生聚餐。"学福"虽有肉、饭,但酒每人只能喝三小杯,肉每人只许吃三粒,由老师逐个分给,这三粒肉俗称"打臀肉"或"格枋肉",因为吃过这三粒肉以后,孩子在学习过程中如果调皮捣蛋,或者书背不出来,便要挨老师打臀或格枋子,为了孩子的前途,受点皮肉之苦大人也予以充分理解。

私塾的教学方式是传统而原始的,但因规模小,学生少,基本上是严格的一对一教学。教师端坐于讲台上,将孩子分别逐个唤来,站在老师座旁,老师用笔点书上的几句文字并念给孩子听一番,叫"点书"。第二天又把孩子唤到座旁,叫孩子读给老师听,这叫"证书"。如果读不好或者是忘了,便用格枋重打手心。有的父母心疼自己的孩子便去和老师论理,老师就将写有"一片无情竹,不打书不读。父母若怜子,不可送来读"的纸贴于教室门上,由孩子父母自己决定是否继续让孩子念书。

民国初年，全村所有书院、私塾都改为学校，但其教学方式、方法仍和蒙馆、书院相似。直到1930年，屿北学校聘请胡烈、李立敬等先生教学，才开始了现代学校式的教学。

2. 科举入仕

以血缘为主的氏族村落，自给自足的小农经济占主导地位，各家在经济上互助，宗族采用共守财产的方式来维持村庄的稳定和正常运转，以族产作为氏族经济规范的基础。生活在宗族下的家庭单元用"义学田"、"养贤租"来资助升学、教育等公共活动。屿北汪氏宗族也采用这种形式来鼓励读书、发展文化、扶助老弱、进行公益建设，维持村落的稳定和发展。土改前，土地是自由买卖的，全村土地分私田和公田两类，私田可自耕、自种或出租，公田则由本族子孙轮种。将公田的部分产出以"养贤租"、"义学田"形式用于对读书人的补偿，按村里读书人考上科举的等级，年年给科举人士租谷若干石，或农田若干亩，终生享受，以鼓励汪氏族人读书学习，科举入仕。

■ 2-1　尚书祠前的旗杆石

尊师重教,励学养贤,相沿成俗。茂秀堂的一幅门联"书中乾坤大,笔下天地长",昭示在封建社会,唯有读书才是出人头地的唯一出路。"晴耕雨读"、"日耕夜读"、"非耕即读",代代相传的耕读之风,激励着屿北汪氏后裔奋发读书,勤勉耕耘,而人才辈出。屿北汪氏"父子两尚书,一门三进士",成为宋代楠溪江流域显赫的耕读世家,在前辈的熏陶、感染下,汪氏后裔又陆续科甲及第,共出了五名进士,十名贡(庠)生。

　　汪氏家族汪应辰孙女嫁溪口戴蒙,联姻亲家戴蒙及其子戴侗是南宋时的著名理学家,学问精深,著作甚多。戴家一门六进士,也是楠溪江上游的书香门第和名门望族。戴侗所著的《六书故》吸收外祖父汪应辰、舅父汪季良等人的研究成果,集大成编纂样出。《六书故》是字原学研究的巨著,戴侗的文字分类以及衍生学说对后来的研究者影响较大,今仍传流于世。戴家的戴溪、戴侱、戴述、戴栩、戴龟年、戴蒙、戴侗等都以学问精深著称,如著名理学家戴述1100年中进士,曾与周敦颐同窗,两人共创理学,而屿北古村"莲花出水"的形胜构想,就出自周敦颐《爱莲说》中"出淤泥而不染,濯清涟而不妖"的名句,隐隐折射出戴氏理学大师对屿北汪氏强大的影响力。汪、戴两个家族继承发扬了程朱理学,扶经翼传,诗礼传家,簪缨济美,赢得了"溪山邹鲁"的美称——"然则谓温为小邹鲁,是言昔之邹鲁也"。

　　科举入仕在屿北村向来就是一件光宗耀祖的喜事,一家有人科举入仕,全族庆贺,向先祖祭典报捷,举行隆重的"学祭"仪式。考中生员的,县学有专人敲着锣鼓送来捷报,于是生员家中便择日大设宴席,先发金帖给诸位亲朋好友、各地宗亲和祠堂首事,通知前来拜祖祭宗。开宴前备齐"学祭"的礼物,如三牲、佳肴,带上乐班等一干人,前往宗祠拜祖。被拜宗祠的主事者应回有"粘香"(给拜祭者的彩钱)给主祭者。"学祭"仪式由主祭者主持,鞭炮齐鸣、锣鼓三响后,进入祭拜程序:考生登堂,整冠,跪地,三叩首;再三叩首,三鞠躬,后三上香;三奠酒,再三献酒;送赞礼,静乐俯首听读祭文;三鞠躬,再三叩首,乃毕。

3. 儒家文化与精神支柱

屿北大大小小的庙宇有七八处,屿北宫虽是一处道观,但是其中的门神画像上一幅"天地君亲师,仁义礼智信"的对联却明明白白地显示,儒家文化才是屿北社会生活的精神内涵。在儒家哲学中,天地君亲师确定封建社会的法律和秩序;仁义礼智信则确定封建社会的伦理和道德。屿北汪氏先人从小便从长辈和私塾那里接受正统的儒家教育,孩子们在屿北"蒙馆"学的都是诸如《蒙求》、《教子》、《三字经》、《百家姓》、《千字文》等充满儒家"三纲五常"内容的教材,儒家文化中对天地君亲师的祭拜,对仁义礼智信的追求,使幼小的心灵得到了潜移默化的净化和熏陶,懂得了在中国传统儒家文化框架下做人的道理和规矩,一个人做到了这些,那么他与周围的环境包括自然、社会都形成了一种和谐的关系,否则,则被视为不守规矩的异端,在屿北会遭受很大的舆论和精神压力,受人们的谴责而抬不起头来。

实际生活中,"天地君"可望不可即,这三者离一般人是非常遥远的,在现实生活中历来就是倒过来的。农业社会造就了个人和家庭的关系,家庭和家庭的关系,扩大就变成了血缘关系,再扩大就是国家,民间讲"天地君亲师",但亲与师是构成社会的网络,与行政关系的结合便成为构成国家的基础。汪应辰自小接受传统教育,具有深厚的理学功底。他考状元时的《廷试策》中,始终贯穿正统的"仁、义"等孔孟之道的儒家思想。如:"天下皆不仁,宜不可为也,然人君一为仁,则天下相率而趋于仁矣。天下皆不义,宜不可为也,然人君一为义,则天下相率而趋于义矣。"又说:"古之欲明明德于天下者,先治其国,欲治其国者,先齐其家,欲齐其家者,先修其身。孔子之言治,未尝不反求诸己也。天下之本在国,国之本在家,家之本在身。孟子之言治,又未尝不反求诸己也。""修身、齐家、治国、平天下"和"达则兼济天下,穷则独善其身"的儒家思想就在这种耕读文化的背景中被赋予了最明白的表露,只不过它不像范仲淹的"居庙堂之高则忧其民,处江湖之远则忧其君"那样的阳春白雪,稍显下里巴人罢了。宋开禧二年(1206年)任平阳县令的汪应辰之孙汪季良以儒家思想治政,治政宽恕,民皆安之。汪季良立十事谕民,曰:"亲父子,和兄弟,谨夫妇,明君臣,善朋友,视疾病,早安厝(厝,棺材停放待葬的意思),严继绝,保本业,戒斗诉。"把作为儒家学说基点的君为臣纲、父为子纲、夫为妻纲和仁、义、礼、智、信的"三纲五常"内涵在此作了明确的表述,将儒家思想贯穿在日常生活行为中,成为百姓大众价值观、世界观的基础和行为规范。

然而,也有不少妇女成了封建礼制下的牺牲品。明朝,有一出身楠溪包山地方名族陈姓女子,嫁汪氏,孩子2岁时丈夫去世,后一直守节54年,含辛茹苦将孩子抚养成人,直到82岁高龄去世。其间有人劝其改嫁,她以死相回应;有人要将其守节事迹上报表彰,以旌耀阙里,她坚决予以拒绝。其孙汪守直,官至县丞,历事翰林院;孙汪守宵,为太学生,儿孙们的科举入仕给汪家带来荣耀,撑足门面,也给陈氏以极大的安慰。因此陈氏去世后受到乡民的褒扬,户部尚书兼文渊阁大学士杨廷和撰写的《大明永嘉汪节妇陈氏墓碣铭》说:"要其终之保孤儿、裕家业之绩而言,节妇贤母之名,两得之矣。"

(二) 科举的盛衰演变

屿北的耕读文化受制于封建社会的科举制度,历经了从宋代的高峰到明清时代逐步式微的过程。

1. 宋代——科举入仕顶峰

宋代,众多世家大族涌入永嘉楠溪江流域,选址定居,世代繁衍。屿北汪氏形成以鼓励家族子弟读书入仕为其特色的宗族文化,提倡耕读传家,这与宗族形成和发展所处的历史环境有着紧密的联系。汪姓常用"状元甘雨,童子春风"、"唐封越国三千户,宋赐江南第一家"的堂联,炫耀祖上曾经有过的辉煌。

(1) 政治经济重心从北方转移到了南方

南宋到明清,传统村落经历着渐变的、内生的"自下而上"的变迁过程。村落发展只是一种生产量的增长和种植业内部结构的稍加改造调整而已,所谓的发展还停留在农业的"副业"范畴,这种村庄经济发展源于人口的增长,并以农业部门的发展为基础。

南宋时温州的田宅买卖已经十分普遍，袁采的《袁氏世范》卷下《治家》说："贫富无定势，田宅无定主，有钱则买，无钱则卖。"农业生产得到发展，技术提高很快，产量大增。史载，南宋时，连沿海涂泥之地都遍植粳稻；至迟在元代就已掌握双季稻栽培技术，粮食产量有了提高。这一时期，传统手工业也有了很大发展，温州地区的造船、陶瓷、造纸、织布、丝麻、染织、酿酒、漆器、制盐等都有过辉煌的发展经历，而长期战乱的北方民不聊生，经济衰落。南宋王朝偏安一隅，加速了全国政治、经济重心的南移。

（2）"荐举"、"荫补"制度延续汪氏耕读世家

宋朝对官吏子弟非常照顾，有荫补制度，荫补的范围比前朝更大，是对科举选官的一种补充形式。高级官吏，文臣自太师至开府仪同三司，可荫子、孙、期亲、大功以下及异姓亲，而且可以荫及门客；武臣自枢密使至观察使、通侍大夫，可荫子、孙、期亲、大功以下及异姓亲。遇国家大礼，臣僚亦可荫补。一般官吏可荫及子孙，宰相、执政则可荫"本宗、异姓、门客、医人各一人"。高级官吏致仕，"曾任宰相及现任三少、使相，（荫）三人，曾任尚书、侍郎等官以上也可荫一人。大臣病故，据所留遗表也可荫补，曾任宰相及现任三少、使相，可多至五人"。宋朝优待大臣的这些做法，对巩固统治阶级队伍固然有一定益处，但也是促成宋代官吏冗滥的原因之一。

汪应辰隐居屿北，朝廷仍按照惯例，授予他一个"荣誉虚衔"——端明殿学士。他的许多后裔也通过获得"荐举"、"荫补"，获得了一些官职或荣誉性的虚衔。如子汪逵按"荫补"之规定"凡殉难赠衔，总督加尚书衔者，赠太子少保衔"，而获赠太子少保。明陈敏《永嘉楠溪汪氏族谱序》又记载："文定公（汪应辰）之子曰逵者，袭尚书，赠少保，端明殿学士、玉山县开国子，食邑六百户，累承浩敕，遗墨尚新。"看来汪逵的吏部尚书一官也很可能是皇帝开恩被世袭的。明朱良暹《永嘉楠溪汪氏族谱序》记载："孙彪，平阳州尹，赠朝议大夫。"汪应龙之孙汪正彪，官至平阳州尹，赠朝议大夫头衔。可见，汪逵的尚书官衔和少保端明殿学士的头衔，汪正彪的朝议大夫头衔均和当时"荐举"、"荫补"制度有关，以此世袭汪氏家

族官宦之道。

然而，需要指出的是，宋朝毕竟不存在固定的世袭及门阀制度，这就决定了官宦世袭现象仍具有相当大的不稳定性。如过度依赖家门功勋而缺乏实际的锻炼，便不能不退化承担官吏的能力，随着荫补资格的逐渐下降，纨绔子弟就很难保持住重要的官爵，难免被排挤出官吏队列。因此，宋代三世、四世为官者不少，而五世以上为官者就相当有限了，汪氏家族也不例外。

宋代的"荐举"、"荫补"制度亦成为岷北汪氏家族大量入仕的原因之一，这是以血缘宗族文化为特征的传统在政治上的体现。由此看来，岷北汪氏读书入仕在汪应辰、汪应龙兄弟迁居岷北及以后几代出现高峰并非偶然，一方面，严格的家族管理、浓厚的读书氛围和知名学者的教育为学子创造了读书入仕的先决条件；另一方面，汪氏家族早有先人入仕，晋级高官，依靠优惠政策，降低入朝的门槛，使之能够顺利入朝，科举传家。

2. 元明清——科举式微

1267年元军兵下临安（今杭州市），江南陆续演变为元域，由于民族矛盾和社会动荡，加之元代科举制度实施时间不长，温州及楠溪江流域经济文化的发展沉寂了好长一段时间，岷北汪氏这个昔日仕宦之族至元代骤然黯淡下来。自汪应辰开基以来，作为汪氏家族荣耀和立族之基的科举制度到明清已是江河日下，乏善可陈。汪氏在整个元、明、清年间就再也没有出过进士，只有一名举人和几名贡生，宗族昔日科甲提名的兴旺景象已成遥远的回忆。

（1）太湖流域的崛起

经济发展方面，太湖流域经过长期开发，到明代进入经济高度成长时期，最先显示出传统社会正在发生的变革，社会转型初露端倪。农家经营的商品化程度日益提高，以农民家庭手工业为基础的乡村工业化，在丝织业、棉织业领域达到了世界先进水平，工艺精湛的生丝、丝绸、棉布不仅畅销全国各地，而且远销海外各国，海外的白银货币源源不断地流入中国。

明清时期，江南地区的双季稻、岭南三季稻的推广使水稻产量大幅度提高，使得人们可以更多地从事农业商品的生产。浙江湖州的植桑养蚕事业很发达，他们生产的生丝作为商品供应苏、杭两地的丝织业。这种手工业与原料产地的分离，使得原料和产品都成为了商品，扩大了市场，刺激了商品经济的发展。明人张瀚说："东南之利，莫大于罗绮绢纻，而三吴为最。"江南的部分城镇已经突破了手工业依附于农业的状态，"所出布匹，日以万计"。一些城镇居民几乎全部依赖于丝（棉）织业为生，所织绸、棉布行销全国。江南地区通过运河与都城的联系日益密切，交通便捷。通过水利设施建设，土地生产条件得以改善，逐步成为经济最发达的地区。而此时，楠溪江流域地理位置偏僻，对外交通不便的弱点日益显露，加上明、清倭寇侵扰，海禁政策对当地经济社会发展产生很大的负面影响，其经济、政治地位已大不如宋代。"兵燹之后，生计萧条，手足无措，而谷贱更逾于他郡，以故宫族旧姓坐食莫展，日渐凋敝。嗟嗟，今之东瓯，非昔之东瓯矣。"

在文化方面，北宋以后，全国的经济重心转移到了南方，书院和科举制度都有偏重城市的倾向，有了发达的经济基础，转化为培育优秀人才，设置教育机构，形成培植状元的沃土。据《宋代科举》资料，浙江、江苏和福建的官私学校最为普及，州学普及率100%，县学普及率80%，私学占全国的72%，南方各地逐步形成了勤于读书、习文重儒的民风。出自南方的状元占到全国状元数量的79%。楠溪江流域由于有北方的士族大量迁入，耕读文化盛行，通过科举入仕的人数达到历史顶峰。宋代从公元988年到1274年间的286年时间，浙江全省共出状元25名，其中来自现温州市域范围的有5名，和省内其他地区状元的比例是1:5。但到了明清时期，浙江全省共出状元40名，来自温州市域范围的锐减为1名，和省内其他地区状元的比例下降为1:39。来自富足地区浙北杭嘉湖平原、宁绍平原地区的状元数由宋代占全省状元数的48%跃升为明代的92.5%，表现出经济发展和文化繁荣的联动现象。

屿北村汪氏通过科举进入仕途的人数、官职的演变也十分清楚地反映了这一事实。尽管汪应辰、汪应龙兄弟屡遭奸臣迫害，几度辞官或被贬地方，但宋代仍是汪氏家族最为辉煌的时期。始祖状元汪应辰,官至吏部尚书;其弟汪应龙,进士,官至奉议大夫;子汪逵,进士,袭吏部尚书。800年间,汪氏家族出了1名状元,8位进士,10名贡(庠)生。大部分的进士都出自宋代,而宋以后550年的封建社会时期,只考出少量层次较低的贡(庠)生,没有能够再现汪氏家族宋代科举的辉煌。屿北村的科举明清不如南宋,究其原因:一是明清全国走科举仕宦之路者,远远多于宋代,竞争更为激烈;二是元代立国80多年,竟有30多年不开科举,断绝天下士人入仕之路,明代对全国各省的进士名额确定最高限额,而各地书院学堂更为普及,科举人士更为踊跃;三是太湖流域的经济文化迅速发展,成为南方乃至全国经济文化重心,苏、锡、常、杭、嘉、湖、宁、绍等地文风强盛,人才辈出,状元、进士数量大大超过渐渐式微的楠溪江地区;四是明朝初期采用的是辟荐制度,而此时屿北汪氏已渐现颓势,已没有替汪氏极力举荐的官场势力。因此,屿北村在宋以后的科举不盛就成为必然,影响到屿北的发展和家族的强盛。

屿北汪氏历代科举名单

朝　代	姓　名	科举成绩	官　职
宋	汪应辰	状元	吏部尚书,端明殿学士
	汪应龙	进士	奉议大夫
	汪逵	进士	吏部尚书,赠少保端明殿学士
	汪邃		朝奉大夫
	汪策		主簿
	汪筑		通判(相当于知州副职)
	汪正彪		平阳州尹
	汪正义		县丞
	汪季明		太平知县
	汪季良	进士	平阳县令
	汪季和		泗州茶司干
	汪淑之	进士	嵊县知县

朝　代	姓　名	科举成绩	官　职
元明	汪守直		县丞
	汪见松		主簿
	汪白严		知县
	汪宗涌	举人	
清	汪孟圭	贡生	
	汪仲韶	庠生	
	汪仲岩	庠生	
	汪仲升	贡生	
	汪仲庞	庠生	
	汪仲庭	贡生	
	汪可玉	庠生	
	汪宗蕤		登仕郎（正九品）

注：贡庠生即俗称的秀才。

　　一则关于汪氏族人坚持不懈、刻苦读书的传说很能说明耕读传家之风深深浸染、影响汪氏后裔。晚清时，屿北有位汪姓老童生，已经83岁了，满腹文章，一头白发却还没有"进学"（即考中秀才）。这一年，他又去赶考，当他颤悠悠地爬上楠溪江舴艋船时，只见小缸灶上搁着一只满是锅巴的小铁镬。老童生想讨个彩，就对船老大说："老大，把这个镬浸了哪。"在温州话中，"进学"与"浸镬"谐音。谁知船老大回答说："这是什么话，这镬是永世不浸的。"原来，船老大有从来不刷锅的习俗。童生自讨没趣，从此绝了"进学"的念头。科场成了士子们的伤心之地，他们少则数场铩羽，多则至五试、七试而不得入。

　　（2）人多地少开发殆尽

　　宋代，特别是"靖康之难"及南宋偏安时期，北方移民大量迁入楠溪江流域各河谷盆地，开垦田地，安居乐业，新辟了许多新的居民点，楠溪江流域基本开发成熟。经过宋代以后一段时间的休养生息和发展，屿北的人口繁衍，血缘、地缘关系范围大大扩展，已经没有更多的土地可以耕作，逐渐呈现出人多地少的现象。

　　史料也记载，南宋时，温州往往无田可佃。"江南转徙人户来淮甸者，东及温、台，南尽福建，西达赣、吉，往往有之。土人包占既多，无田可以耕佃，以故失所者。"由于人多，专事于农耕生产的劳动力出现剩余，明朝初期的统治者多次大规模组织人多地少的"狭乡"居民到人少地多的"宽乡"去屯种。"移民就宽乡，或招募或罪徙者为民屯"，洪武二十二年（1389年）四月，以两浙民众地狭，务本者少而事末者多，朝廷命杭、湖、温、台、苏、松诸郡无田者，往淮河以南滁、和等处耕种。但明、清时代，海上倭寇频繁侵扰，人民惊恐不安，特别是清顺治年间，令宁波、温州、台州三府沿海居民内徙，以绝海盗之踪。导致一些沿海地区土地荒芜，人口减少。据万历《温州府志》卷五《食货·户口》记载：明洪武二十四年，永嘉户五万一千九百四十九，口一十六万九千四百六十。永乐十年，户五万一千六百八十一，口一十四万二千七百一十七。弘治十七年，户三万九千五百一，口一十万三千九百三十七。万历十年，户三万九千五百一，口九万七千三百五十九。由于是人为所致，并未减缓内陆人多地少的生存压力，在一些地方，人口的迁入，还进一步激化了人地矛盾。

　　（3）远程人口流动和文化交流的停滞

　　楠溪江流域的开发，经历了从下游向上游、平原到山区、农耕生产条件好的区域向农耕生产条件差的区域渐进的过程。而主导这个进程的则主要是中国历史上的"永嘉之乱"、"安史之乱"、"靖康之难"和福建两次战乱所引发的长距离移民。

　　楠溪江中上游以耕读文化为特征的氏族村落始祖基本上都是历史上几次战乱的移民，且多来自于文化先进的中原地区，即使是福建移民，其祖先亦可追根溯源至北方中原移民。这种开拓生存空间和建村过程在五代、唐朝逐步开始，在南宋达到顶峰。人口流动带来了先进文化的交流，耕读社会的基础逐步形成。但随着楠溪江流域开发成熟和众多血缘村落的建成，供外来人口生存的土地空间被大大压缩，自元代以后，跨省移民就已不多见了，表现在东南沿海一带县治数量的相对稳定。据章生道《中国城市化的历史趋势》（原载于1963年6月《美国地理学家年刊》第53卷，第2期）一文中所附的资料，中国东南沿海地区在589—1280年县治数是33个，1280—1911年的县治数是32个，外来的文化交流和碰撞也因此迟缓甚至停滞。长距离跨省迁徙虽然停滞，人口流动仍通过联姻、土地买卖等在县域内持续，表现形式是原有村落的宗族被更强大的宗族所替代，但文化的交流和碰撞却与过去不可同日而语，先进文化传播被阻隔。屿北汪氏后裔因入赘屿北徐氏而进入现在的村址，汪氏后裔"五传遇龟辛五氏者，赘黄南黄氏，为霞山始基之祖也"，即入赘本县花坦霞山成为霞山始祖，汪氏一房、二房分别去了黄南、张溪发展，还有一支在上塘的鹅浦繁衍生息。屿北汪氏后裔的主要支系迁移扩散范围仅限于永嘉县境。

明清时期，资本主义萌芽在江南初现，太湖流域聚集了有利于商品经济发展的生产要素，因而成为全国经济文化重心。楠溪江中上游地区原本作为文人官吏避世迁徙目的地的缺点逐步暴露，交通不便，信息闭塞、农耕资源有限，商品经济发展的要素缺乏，因而逐步被边缘化。成也迁徙，败也迁徙，没有了人口的流动迁徙，就意味着经济文化交流的停滞，而交流的停滞必然导致闭塞和发展的落后。另外政治变革的影响消解了楠溪江士人一度勃发的政治热情，转而专注于农业生产和商业经营；只有为数不多的读书者淡泊官位、布衣终生。

二、父子两尚书，一门三进士

在楠溪江众多的以宗法、血缘为本的村落中，只要有人"一朝中举，便仕路遂开，伯叔子侄，昆仲邻里，声息相通，互为援引"，于是造就了世代相传的大家族。汪氏家族自南宋迁徙楠溪江菰田后棠湾以来，产生了一批杰出的精英人物，对当地经济社会的繁荣和汪氏家族的发展起过重大作用，其中一些人物在宋代的历史上

颇有地位和影响,并给家族带来极高的声望。下面是几位特别应提及的人物:

汪应辰(1118—1176年),字圣锡,名洋。出生于江西玉山小叶村的一个普通农家,是屿北汪氏始祖,徽州汪华公第三十七世孙。汪应辰自幼持重,聪明好学,5岁便开始饱读群书,读书能过目不忘,妙语惊人,10岁便能作诗。一次,乡学先生出一联:"韩愈十三而能文,今子奚若?"汪应辰从容应对:"仲尼三千而论道,惟公其然。"众人眼里的神童非汪应辰莫属。

汪应辰少年得志,未满18岁便连中乡试、会试,并于南宋高宗绍兴五年(1135年)考乙卯科殿试状元,年仅18岁,是中国历史上最年轻的状元之一。高宗以吏道、民力、兵势提问,汪应辰答曰:"陛下励精图治,求复父兄之仇,亦历年,而驻跸无一定之地,战守无一定之策,进退无一定之人,所施行事无一定规画,何以奏功?是在陛下反求诸己而决定之。"皇上看着文章,以为是一位老成之士,即拿出名单核查,竟是一位翩翩少年,甚感惊异,但非常高兴。按照规矩,状元被赐予御诗,于是亲笔书《中庸》篇以赐少年状元,又为其改名应辰。当时的丞相赵鼎对皇帝建议说:"且令历外任,养成其才。"于是授镇东签判,留待考查后再定。这一考查就是一年半,在此期间,汪应辰一边学习,一边参加省试,均居前列。

这时赵鼎出师绍兴,汪应辰随从幕府事悉知。有一年天旱,应辰受命祷告求雨,果然天降大雨,解除旱情。越人歌之曰:"此相公雨。"鼎曰:"不然,此状元雨也。"此后,汪应辰被任命为秘书省正字,开始了他长达几十年的跌宕起伏的官场生涯。汪应辰做官之时,北方金人南侵步步进逼,秦桧位高权重,权势炙手可热,议和投降之风甚嚣尘上。汪应辰上疏,表达了勿忘国耻、坚定抵抗的主张:"和议不谐非所患,和议谐而因循无备之可畏。异议不息非所患,异议息而上下相蒙之可患!金虽通和,疆场之上宜各戒严,以备他盗。今方且肆赦中外,褒宠将帅,以为休兵息民自此而始。纵忘积年之耻,独不思异时意外之患乎?此因循无备之所以可畏也……是以小人窥见间隙,轻躁者阿谀以取宠,畏懦者循默以备位,而忠臣正士无以自立于群小之间,此上下相蒙之所以可畏也。臣愿勿以和好之可无虞，而思患预防，常若敌人之至。"秦桧听了大怒，即贬汪应辰为通判建州。汪不从，遂请辞归乡，寓居于常山永年院，以讲学为事，虽身居陋室，饭粥不给，却因不堪其忧，处之裕如。此后秦桧等一直压制、迫害汪应辰等力主抗金的官员，贬逐为地方长官达17年之久。

■ 图2-2　世尚书匾

汪应辰品行高洁，刚正不阿，不畏权贵，甘冒大险与抗金派人士交游，为他们的不幸鸣冤叫屈，同时关心民间疾苦。为此，他和他的家人都受到秦桧等奸臣的迫害。绍兴二十五年（1155年）秦桧死后，汪应辰等力主抗金的官员得以重用，被招入京，他先任秘书少监，后升任吏部尚书、户部侍郎兼侍讲。朝廷议太上称号，李焘、陈康伯等密议以"光尧寿圣"为称，有人认为"光尧"近乎"神尧"，"寿圣"为英宗诞节，赏以名寺，汪应辰直言"尧"岂可"光"，得罪了太上皇，高宗在孝宗面前公开抱怨"汪应辰素不乐吾"。因此汪应辰再次被贬出使福州，任敷文阁待制。后又以敷文阁直学士为四川置制使，出知成都府。在福州任职期间与理学名家朱熹过往从密，遂成挚友，以后虽两人身在异地，但常有书信往来，继续保持良好的私人关系。在四川任职时，他解决了许多积重难返的问题，救济、减税、革弊、治乱取得了成效，深得百姓爱戴，"汪应辰治蜀甚有声，且留意民事如此"。回京后任吏部尚书，兼翰林学士并侍讲，汪应辰不畏权贵，特立独行，敢说敢做，革弊除害，触及许多官吏的利益，权贵们诬告汪应辰，对其加以打压陷害，第三次被贬出知平江府。或许是在官场上屡屡受挫，精神压力太大，或许是性格耿直，不为权贵阶层所容，汪应辰出知平江府后没几年便请辞回家养老，后在其弟汪应龙的鼓动下，迁居永嘉菰田后棠湾，淳熙三年（1176年）卒于家，与其弟汪应龙合葬于屿北村后棠湾。汪应辰虽长年奔波仕途，但仍勤于治学，博综诸家，少年时师从吕居仁、胡国安，与张栻、吕祖谦、朱熹、王十朋等人交往很深，因此他的学问具有很深的理学渊源，著有《文定集》50卷。曾做过朱熹客居地地方长官的汪应辰，与朱熹过往甚密，两人常有往来，汪应辰还极力向朝廷推荐朱熹。汪应辰退隐官场后一度在玉山的书院讲学，朱熹还亲自到玉山和汪应辰一起讲学，两人情谊深笃。汪应辰力主抗金，关心民间疾苦，史书对他有"刚方正直，敢言不逊"的评语。他死后，时任台州地方官的朱熹曾撰写《祀汪尚书文》，热情称颂、深切缅怀这位品德高尚的状元，"惟公学贯九流而不自以为足，材高一世而不自以为名，道尊德备而不自以为得，位高身重而不自以为荣"。

汪应龙（1120—1185年），汪应辰之弟，字圣云，原名沄。登南宋绍兴年间进士，官至奉议大夫。与兄汪应辰因言事忤秦桧，乃黄冠野服，潜隐于永嘉菰田后棠湾，是为屿北汪氏始祖。元配韩氏，封夫人，续配干氏。后裔繁衍，根深叶茂，现屿北汪氏皆应龙后裔。汪应辰、汪应龙兄弟合葬于后棠湾"状元

■ 图2-3 汪应辰像

图2-4 汪应龙像

42

坟"，墓葬位于坐北朝南的向阳山坡，规模宏大。

汪逵（1141—1224年），字季路，汪应辰之子。宋乾道八年（1172年）黄定榜进士出身，长期在官场任要职。淳熙十五年（1188年）十一月，任太学博士兼实录院检讨官，后升任太常博士；绍熙元年（1190年）为太常丞；绍熙五年（1194年）任礼部郎官兼实录院检讨官；庆元元年（1195年）起为国子司业。在国子司业任上，遇上韩侂胄倚仗宁宗皇后韩氏权势，与刘德秀沆瀣一气，斥道学为"伪学"。汪逵上疏辩驳，遭贬黜，被迫七年闲居在家。直到韩侂胄被杀后的嘉定元年（1208年），参政李璧力言于朝，汪逵才重新出山，任秘书少监兼国史院编修官，端明殿学士等职，后为工部侍郎兼同修国史；三年（1210年）为吏部侍郎兼同修国史，五年（1212年）为吏部尚书。

汪逵精于书画鉴赏收藏，建"集古堂"收藏奇书秘迹金石遗文等二千卷，并著有淳化阁帖辨记共十卷，结交了楼钥等一批书法金石文人，交情很深。楼钥跋书于宋著名书法家徐弦篆书《项王亭赋》，前跋作于1190年，而后跋则作于20年之后的1210年。楼钥写道："绍熙之元，岁在庚戌，余与季路同为南庙考官，尝题此卷，今二十年矣。二十年间，何所不有，年号亦四改，时事可知。季路居太末，余挂冠甬东，岂复有再见之理。"并赞誉汪逵"能继世科，恪守家法，博学多识，绰有父风"。

汪逵原配阮氏，侧室李氏，育有二子，长子季良，次子季和，皆传儒继业、博通经史；育三女，长女汪益柔适宋理学家戴蒙，开始了岭北汪氏与溪口戴氏耕读传世的联姻历史，绵延至今。病逝后葬于岩坦岭西。

汪季良（1174—1212年），字子骊，汪逵长子。宋宁宗开禧二年（1206年）任平阳县令。当时人们普遍认为浙东地区最难治理和管理的是"三阳"，即东阳、平阳、松阳三县，而平阳为三县之首。汪到任后，体察民情，政尚宽恕，公布对百姓的十点要求："明君臣、亲父子、和兄弟、谨夫妻、善朋友、视疾病、早安厝、严继绝、保本业、戒诉斗。"他审慎处理刑事案件，减轻老百姓的力役负担，稳定社会局面。实事求是地确定赋税，精细计算，主张"色第目别，多寡贫富，不妄缩"，并且"建置所利，纵舍所患，始终汲汲以民为家"，编《平阳会书》，创建了一套更为合理的税赋依据。温州"永嘉学派"代表人物叶适为书作序，给予很高的评价，"一县会计，田下同有也，所以取民必有正也。取而不得已，必有宽也。有正，义也；有宽，仁也；未有不由仁义而能使民思之者也。观是书者，可以知其志也。"

汪季良在平阳县令任上，江南4乡40余万亩农田屡遭咸潮危害，村民常

■ 图2-5　汪逵像

43

常颗粒无收，饥荒贫穷，反响很大。汪季良偕乡贤林居雅以及乡民郑万全兄弟、陈子直等，南宋嘉定元年（1208年）在舥艚（现苍南县舥艚镇）海口阴均山麓，创筑阴均大埭，长80丈，并在旁建阴均陡门3孔，整个工程具有拦截海潮，蓄积淡水，闸防涝水等多种功能，由专人管理，根据潮汐涨落时间按时启闭，控制水位。林居雅为建埭而倾家荡产"毁居以助"，郑万全、陈子直等人也倾产助资，经过一年辛苦终于建成大埭，基本解除海潮对农田的危害。江南多河，当汛期到来时，必须要放水，否则会淹没农田，舥艚的水闸就是江南河网的最后一道防线了，阴均水闸最为古老，至今已有近800年的历史，800年的风雨剥蚀，虽然几经重修，如今依然屹立不倒，只是与旁边的新闸相比，他似乎更像是一位饱经风霜的老人，风骨却还是硬朗。乡民们因感激汪季良，特立"阴均庙"于阴均陡门旁，尊他为"阴均大王"，并将林居雅与他一起奉祀，汪季良化身成为当地民间祭祀的神灵，永世被人怀念。

　　汪季良为官一任，造福一方百姓，他利用荒芜的江海涂地收入建立社仓，于青黄不接时无息赈贷百姓，遇上荒年，则免收本金，深得人心；他十分重视教育，将学宫修缮一新，建爱民亭、班春亭以敦教化。嘉定五年（1212年）离任，不久英年早逝。消息传来，巷哭路吊，以林居雅为代表的平阳父老请温州知事杨简题写《永嘉平阳阴均堤记》，并书"令君汪公，遗爱恩波"八个大字，立阴均石永久纪念。

　　总之，从宋代开始，家族成员的科举入仕使汪氏成为楠溪江上游地区社会声望甚高的大家族，并形成了家族文化传统，特别是浓郁的以科举入仕为取向的文化氛围。与此同时，科举仕宦之兴，还带来经济上的好处。宋代官禄丰厚，家族成员入仕官宦，就会带来经济上的发达。明清及近代，汪氏家族丰厚族祠公产的基础实际是经过多代人的努力而逐渐奠定的，形成以田产助科宦，以科宦扩田产、固宗族的生存模式。而由汪应辰长子汪逵撰写谱序的宋代家谱的编纂则是屿北汪氏家族得到整合的重要标志。

注　释:

① 嘉靖1545年汪芮墓志铭,清光绪《永嘉县志》卷二四《古迹·金石》

本章参考资料

[1] 周苏宁:《园趣》,学林出版社,2005年

[2] 温州市政协文史资料委员会编:《温瑞塘河文化史料专辑》,2005年

[3] 盛爱萍:《从温州地名看浙南的道教文化》,《浙江社会科学》2003年第3期

[4] 张孟仪:《永嘉县儒学新修庙学记》,清光绪《永嘉县志》卷二三

[5]《浙江分县简志(下)》,浙江人民出版社,1984年

[6] 沈克成:《温州历史年表》,北京电子出版物出版中心,2006年

[7] 林亦修:《东瓯的族群迁徙与融合过程述论》,《贵州民族研究》,2005年

[8] 王瑾瑾:《从民居建筑布局看"堂文化"的神圣表述——"堂文化"所呈现的中国文化思维模式论之一》,《建筑师》总第115期,中国建筑工业出版社,2005年

第三章　重农倚林　工于机巧

——屿北的经济概况

　　永嘉是"温州模式"的发源地之一,而"温州模式"的社会经济发展特点就是民间自发自生性,其核心在于充分尊重和发挥民众的首创精神,将经济体制改革与经济发展有机地融为一体,使改革和发展在区域经济和社会发展变革中成为一个相互促进的动态变化过程。专家们指出,改革开放以来之所以在温州产生一个与全国其他地方有着不同特点的"温州模式",从时间维度上看是因为改革开放后政策环境的转变;从空间维度上看,则是与温州特殊的区域工商文化传统有着很大的关系。永嘉人具有温州人吃苦耐劳、勤奋苦干的特点,除"民勤于力而以力胜"外,还有着较强的竞争意识,心灵手巧,讲信誉,对新生事物有浓厚的新鲜感,模仿接受能力强;有从事手工业生产的技艺和"宁为鸡头,无为牛后"的自主意识;较少有重义轻利、重农抑商的思想负担;有留恋故土却不死守故土的观念。楠溪江中上游类似屿北等单一血缘村落的情况似乎有些不同,农村工业化、城市化进程、社会结构和生活方式的变迁相对缓慢,除了地理位置、自然条件等不可改变的因素外,传统文化、社会结构、价值观念等对本地区经济发展的影响亦不可小视。

一、自给自足的农业经济

虽然早在南宋绍兴初年,温州已设市舶司,以后的历史发展过程虽因"海禁"等多种原因,对外开放的态势几经反复,但总的来说,温州与外界的交流从未停止过。距温州仅一步之遥,但偏于一隅的楠溪江中上游流域似乎并未受惠于温州通商口岸的对外开放。整个楠溪江上游在很长一段时期,商品生产落后,市场和城镇体系不甚发达。温州从明朝弘治年间的22(集)市10镇、明万历年间的26(集)市10镇到清乾隆年间才发展到28(集)市10镇,三百年时间,镇的数量没有增加,(集)市也只增加了6处,这些(集)市镇都集中于瓯江以南的温州老城周围和瑞安、平阳、乐清等沿海地区,没有一个处在楠溪江中上游区域。市场体系的发育不全,严重遏制了楠溪江上游地区生产力的发展,沿海地区和山区之间经济发展水平的差距十分明显。岩北等楠溪江上游的大部分村落守护着少得可怜的耕地,背依大山,靠山吃山,老百姓的日子居然也能过得悠然自得。自给自足的落后的农业经济特征非常明显,在近现代历史发展中处于明显的劣势。

(一)生产关系

岩北村的生产关系主要体现在作为生产资料的土地产权关系方面。历史上,乡村土地有着复杂的产权关系,有"官田"、"寺田"、"学田"、"屯田"、"族田"等,这些田地基本上是通过围垦、开荒、上级拨付或群众赠予等渠道获得,也有一部分是由滩涂淤涨成田自然形成。当然占绝对多数的还是一般的民田。明代时,永嘉有"官田二百七十五顷五十三亩三分七厘五毫,民田六千三百二十五顷四十亩四分八厘一毫;官山地五十九亩一分九厘一毫,民山地五十五顷七十八亩一分二厘七毫……"(载光绪《永嘉县志》卷五《贡赋》),官田只占土地面积的很少一部分。"明温州卫原额屯田三万四千二十一亩……坐落于永嘉县广化、集云等厢、九与三十六都等都,附城沿江四散安着,与民田杂间,军丁二千七百一十名领种……"(载乾隆《温州府志》卷十《田赋》)"能仁(寺)在弘治间犹有田一万七千亩,寺前铁鼎可饭千僧。"(项乔《瓯东录》卷一下《游雁山·天台两湖之云间纪事》)"故议者每欲于学校立公田,庶于养贤之道有籍……乃率概县之老耆履亩清丈,溢出涂田之高阜者二百亩,加耗田五十亩,以防荡析之虞,悉归儒学以为公田。"(周大章:《儒学公田记》,引自乾隆《瑞安县志》卷九《艺文》)

明清东南沿海一带的"永佃制",即土地所有权和土地耕种权分离现象较为普遍。"佃人,承赁田主之田不自耕种,借与他人耕种者,谓之借耕,借耕之人,既交田主骨租,又交佃人皮租",借耕人需要向田底、田面所有人交两道"田租","官田"、"寺田"、"学田"、"屯田"、"族田"或民田等亦可租佃他人耕种。而乡间土地买卖,往往是先卖地皮(耕种权),再卖地骨(所有权),据史料载,"乾隆卅四年二月,林兆清出卖水田一亩,卖契上写明得钱一十千三百文,作银十四两七钱正,年交谷租一百二十斤。四十七年二月又立尽契,加价一十一千文,伢钱一百文"。采用加尽的方式,完成了从耕种权到所有权的买卖过程。

在屿北村三官爷庙的木梁上,赫然写着"闲存堂众乐助基地正租额贰斗正,汪致中乐助基地皮租贰斗正"。所谓正租一般指土地所有者收取的地租;所谓皮租一般指土地使用者拥有佃权而收取的地租,这种佃权是可以出买和转让的。屿北村的一部分田地所有权属汪氏各房支的族产,各房、堂是实际上的土地所有权者和控制人,各房、堂再将田地转佃给本房族人耕种,向族人收取第一地租,即正租。本房族人再转佃给其他人耕种,向佃农收取第二道地租,形成"一田二主"现象。显然,建造三官爷庙所需土地的所有权属于屿北汪氏闲存堂族产,土地大小按单位面积交租额计算。因为土地面积大小不变,闲存堂和耕种户的分成租比例是五五开,即佃户汪致中应将出租田地收获的地租即皮租二斗谷子贡献出来用于建庙;闲存堂也将土地所有权出让给汪致中而获得的地租即正租二斗谷子贡献出来,二者再折算成二斗谷子占每亩应收租谷的百分比确定建庙的土地面积，比如每亩应收租谷为八斗，则建庙土地面积相当于1/4亩（167平方米）。

过去分租标准多视实际年的产量按比例收，"多收多分，少收少分，不收不分"成了族人普遍遵循的惯例，毕竟是本家兄弟姐妹，需要时刻面临对家族、亲戚的道德责任，维系人际关系，不可能受严格契约的约束，三官爷庙的建造从一个侧面揭示了封建社会屿北村的土地产权、田租关系和血缘社会在土地经济方面的特征。正如费孝通先生所言，有亲密的血缘社会中商业是难以存在的。这并不是说这种社会不发生交易，而是说他们的交易是以人情来维系的，是相互馈赠的方式。

中华人民共和国成立以后，将寺庙、公山、学田、公田等用地归为公有，屿北的广大贫雇农获得了土地，以后的社会主义农业合作化运动经过互助组、初级社、高级社等发展阶段，到1957年全面过渡到土地集体所有的社会主义农业合作社经济。

但相对低下的劳动生产力和严酷的生存压力迫使农民产生了改变制度的愿望。首先，农民对直接关系自己生存的农业土地经营制度提出了改革诉求，永嘉县在1957年实行过类似"包产到户"的办法。据1957年10月13日《人民日报》报道："包产到户"是把社里"三包"（包工、包产、包成本）包到生产队后，再包到每户社员；把社里成片土地重新打乱划成小块，确定每块田的产量、肥料和所需工数，一般用"按劳分田"的办法，包给每户社员分散经营。社员对承包土地的产量负完全责任，超产部分全部奖励，减产部分全部赔偿。1957年的春天，永嘉县有200多个社实行了"包产到户"，激发了农民群众的生产积极性，但很快，1958年人民公社化以后，农村政社合一，一大二公。大是规模大，人多地多，集工农商学兵、农林牧副渔为一体；公是将自留地、自留山、垦荒地、牲畜、大型农具等归公社集体。实行由公社统一领导、统一经营、统一调配劳力，大办集体畜牧场、养殖场和公共食堂，吃饭不要钱。出现"一平二调"，即贫富拉平，平均分配，无偿调用集体和个人财产。农民生产积极性受挫，农村生产力遭到破坏，人民公社化夭折了"包产到户"这一富有活力的生产经营制度，一切才刚刚开始，就匆匆结束了。到1962年，党中央公布《关于改变人民公社基本核算单位问题的指示》以后，实行农村人民公社、生产大队、生产队三级集体所有，以生产队为基本核算单位，自负盈亏，负责组织生产和收益分配。这种以生产队为基本核算单位的三级经济联合组织制度一直延续到20世纪70年代末。

（二）经济变迁

屿北村历史上的经济发展一直比较落后，由于没有翔实的资料可考，本节只就屿北的经济发展过程作一粗略分析，以明晰经济发展与变迁的大致轮廓。进入21世纪以来，中国农村已经出现了四类经济增长模式的分化：一是发达地区或大中城市近郊的农村城市化；二是一般发达地区的农业产业化；三是欠发达地区的有竞争力的劳动力输出而保留少量必要劳动力在本乡本土从事农业；四是贫困地区的传统农业维持简单再生产。现在的屿北农村经济发展模式仍然处于第三类向第二类的过渡时期，即以传统农业为主、劳动力以外出经商务工为主，农业的商品化、产业化刚刚起步，但又举步维艰。在温州地区和永嘉县农村工业化、城市化快速发展形势下，屿北村经济发展显得相对落后。我们可以从屿北经济发展的历史特征中找到原因。

1. 农业生产一直是屿北的主要产业

温州地区早在秦汉时期

■ 图3-1　田园春色

就有种植水稻的历史,元代就有双季稻种植的记载,明弘治年间,温州沿海地区腴田沃壤一年三熟。"绿遍山原白满川,子规声里雨如烟。乡村四月闲人少,才了蚕桑又插田",屿北农业生产的自然条件优越,其传统物产包括:稻谷、甘薯、玉米、甘蔗、薏米、花生、木材、竹、板栗、杨梅等。

一首名为"山货装满楠溪船"的民歌将过去楠溪江中上游农村的生产岁令时节和物产唱得是惟妙惟肖:

> 正月里来是新春,楠溪山底山货丰。
> 撑船老大运输忙,满载木炭去经营。
> 二月里来农事闲,楠溪嫩笋名特产。
> 老大装船城里去,城里市民笑开颜。
> 三月里来雨纷纷,楠溪春耕闹盈盈。
> 杜鹃花开红似锦,运船花苗好赚钱。
> 四月里来桃李熟,船运桃李到温州。
> 城里老少都爱吃,争买鲜果喜悠悠。
> 五月里来是端阳,楠溪杨梅名声扬。
> 杨梅载到温州去,人人吃了还赖添。
> 六月里来荷花开,楠溪西瓜格外甜。
> 满船西瓜到城里,吃过西瓜心里凉。
> 七月里来花生收,楠溪花生到温州。
> 花生味美上等品,船到埠头争兜售。
> 八月里来转秋凉,楠溪板栗已登场。
> 糖炒板栗香喷喷,鸡肉杂栗甜又香。
> 九月里来九重阳,楠溪红柿圆又长。
> 红红糯柿满船舱,城里人人争买尝。
> 十月里来立冬天,楠溪柚子此甘甜。
> 柚子个个都忒大,妇女买柚都争先。
> 十一月里雪花飞,楠溪柏子着白衣。
> 柏子打油用处多,肥皂原料价勿低。
> 十二月里近年边,楠溪芋芳味道鲜。
> 船到温州码道头,人人买芋迎新年。

2. 农村自然经济特征

楠溪江上游村落自给自足的自然经济特征突出表现在家庭手工业、副业的商品化专业化程度低，商品或服务的交换采用原始的以物（田）易物（服务）的方式。由于人多地少，加上自然灾害频发，农业生产率较低，农副产品产量不高，可作为商品的农产品数量有限，但丰富的物产维持一家人的温饱是没有多大问题的。《陈虬集》卷七《温州出口土产宜设公司议》指出："温州，自守之国也。杂粮鱼盐、麻桑油铁，皆足自卫，而出产实苦无多。"

宋代的政治大局稳定，农村生产力得到一定发展，农业产品商品化程度有所提高，农业的发展又带动了手工业和副业。以小商小贩和百工技艺为特色的手工业作为农业的副业，在永嘉一带具有悠久传统。"妇人勤于纺织，有夜浣纱而旦成布者，俗称鸡鸣布。""麻布、苎布以上楠溪尤多……机杼之家涩于买贵，故人力取精以倍其赢，女子夜织，男子以织名家者相望。"

由于楠溪江流域商业集市很不发达，缺少功能强大、交通方便的商品交易市场，村民很少有将自己生产的产品拿到外面去卖

■ 图3-2　古村小景

的,最多就是送给亲戚朋友做人情或做礼品。一些家庭手工艺和产品,如索面、酿酒、豆腐、食油等情况也大致如此,从原料、生产到消费的过程都在家庭、村或周围亲朋好友的小范围内完成,游离于整个社会化大生产之外。其实,早在南宋时期,温州就已设立市舶司,说明当时温州一带已有一定规模的商品生产和海外贸易。清同治二年,温州又被辟为通商口岸,"许泰西诸国于温州开互市,于是榷场林立,海舶辐辏,北通吴、会,南达闽、广,殊言异服,联袂接踵,商务以是大盛"(《孙诒让遗文辑存》卷六《徐晓峰六十双庆文》)。清末,通过温州口岸出口的大宗货物以药材、茶、矾、瓯柑等为大宗,岁约百数万金。但这些不是屿北生产优势,屿北的发展最终错过了明清时期温州辟为通商口岸后的发展良机,在楠溪江深处的大山中悄然延续着男耕女织的传统农业社会生活。历史上的染坊、油坊、酒坊、棉织坊、豆腐坊、竹木坊、五金制作坊连同传统的瓯绣等手工艺都是如此,因此,现在留存下来的手工业生产作坊遗址、制作工艺和实物成为自然经济年代自给自足的明证。

古时,屿北农村生产力低下,商品化、专业化生产程度太低,农业只能达到吃饱穿暖要求,自给自足的农耕经济特点非常突出,除了吃饭之外的其他生活需求,都要依赖手工艺、林产品去交换。因此,屿北村民日常生活和消费很少用现金交易,广泛采用的是原始的以物(田)换物、换服务的方式。当时屿北家家户户都自己种棉、自己纺纱、自己织布、自己印染、自己缝制、自己穿着,包括了棉纺织手工业从原料到生产、消费的全过程,家庭手工业并未进入社会大生产的分工体系。

很长一段时期,温州地区有着为人服务不给钱只提供粮食若干或一定面积土地作为酬劳的传统,或许这只是自然经济状态下的一种无奈选择,但对维持整个村落生产和生活的正常秩序,满足广大百姓日常生活需求还是起着重要作用的。乾隆《平阳县志》载:"但江宽船小,来往又众……议者谓南岸荒田具请当事量给垦种,作渡夫工食,以为久远之计。"说的是为了群众来往江两岸方便,需要设置义渡,添置渡船。但聘请船工的经费,则采取在江南岸划出一块土地给辛勤劳动的渡船船夫耕种，权当酬金，这样既不需要向群众收取费用，又能解决船工的生活温饱。屿北村许多为村民服务的经常性项目和公益服务也是通过这种方法进行的，比如村民理发，聘请外村的理发师傅在每月固定日期到村里某几家理发，多少大人、多少小孩，工钱就由谷子折算，半年或一年一结算，这里谷子的作用与货币已经很相似了，是一种以实物换服务的原始交换方式。又如屿北村很大一部分田地在村北的屿北宫附近，距村庄较远，村民在田里耕耘，劳动强度很大，"双夏"时节天又很热，需要经常、及时地补充水分，但回家的距离较远，既费时又费力。于是众人就想出了一个解决办法，在屿北宫旁建一个茶亭，聘请一位年纪稍长、劳动能力稍弱的老人在茶亭负责烧水，村民在劳动间歇可在茶亭休息喝茶。给老人的报酬则是划出族田二亩，归老人耕种，田地上的收成都归他所有，以抵茶水服务的工钱，这也是一种以土地换服务的原始交换方式。其他诸如孩子上私塾、拜师学艺或宗族组织演戏、舞龙、灯会等民俗活动和节日庆典等，均采用以物抵钱或房派轮流承办的形式。

4. 山林资源与特产

山林面积占屿北全部土地面积的大部分，林特产品在过去很长一段时间内曾是村民收入的主要来源之一，在村民眼中，郁郁葱葱的山林就是一个大的聚宝盆，靠山吃山是十分自然的事。在植被分区中，屿北所在的楠溪江上游属于中亚热带常绿阔叶林南亚地带，山上生长着次生的常绿阔叶林、针阔混交林、竹林和针叶林，从村子往山上望去，山体的第一视面森林植物景观主要以人工栽植的马尾松纯林和杉木人工林为主。生长着马尾松、杉、柳杉、柏、檫、槠、木荷、青冈、枫香、樟、栎、栲、红楠等树种，还有毛竹、乌柏、板栗、杨梅、柿、柑桔、桃等经济树种。然而，历史上屿北附近山区却是罕无人迹的原始森林，谢灵运曾写过一首《从斤竹涧越岭溪行》的山水诗："猿鸣诚知曙，谷幽光未显。岩下云方合，花上露犹泫……"一路上见到的都是深碧苍翠的密林幽涧，据《永嘉县志》，诗名中的斤竹岭就在五十二都，即现在的屿北及周围地区。

20世纪50年代土地改革前,屿北汪氏曾经拥有大量的山林资源,属于汪氏家族的山林面积远比现在大得多,最远可达永嘉和仙居交界的地方。属于汪氏家族的山林里生长着樟、桧、松、柏、桂、梓、黄杨和竹等各种(竹)木材。自晋代起,随着温州沿海、内河水上运输的发展,打造船舶用的木材,尤其是樟木的需求量大增,直接刺激了楠溪江山区的林木砍伐,竹木成为村民的主要经济收入之一。光绪《永嘉县志》记载,早在晋代"若乃越腾百川,济江泛海,其舟则温麻五会、东瓯晨凫、青桐、梧樟,航疾乘风"。[①] 明朝浙南沿海深受倭寇侵扰,明洪武五年,浙江、福建濒海九卫造船舟六百六十艘,以御倭寇。历史上温州西部山高林密,东部河网密布,境内的瓯江、楠溪江、鳌江、飞云江等水系是山区与平原联系的主要通道,是海运和内河运输都相当发达的地区,木制"舴艋船"在楠溪江、瓯江上穿梭不息,东海海面也是帆影点点,温州城里有一条"打篷巷",从前该巷居民大多以编制舴艋船篷篙为业,而形成了专业一条街。过去在经营山林、贩卖木材的过程中产生了一批兼业的船(筏)工,漂流竹木筏虽然辛苦,收益比起农业生产还是要好得多。

"良材兴贩,自处至温以入海者众。"宋朝增建玉清宫、昭应宫,大量调集温台衢婺的豫樟(樟树),使这一地区的山林资源遭到很大破坏。"靠山吃山"的林木资源消耗毕竟跟不上林木蓄积量的自然增加,到了明朝时期,楠溪江丘陵低山的造船木料已经难得一见。到清中期,随着海禁解除,沿海贸易的不断开拓,造船业更加兴盛,造船用材已捉襟见肘。光绪《永嘉县志》卷八《武备·战舰》记载:"以前在瓯办厂,原因瓯、括两郡均属产樟。乃自经办多年,近水地方砍伐殆尽,十余年均取于深山穷谷之中,已属挽运维艰,虽钱粮分给山客,四路购办,而一切价脚盘费浮于部价,山客已力不能支……近年深山之料亦尽,所剩者皆在居民坟墓之旁,以是每一查封而告争不已。甚至坟茔之树已经半砍,其未尽者只松阳数百株耳,数年之后,并此俱尽,造作倍难。"山林资源的枯竭和自然环境的恶化,使禁伐山林、保林护山、植树造林等措施和行动早在明清时期就已经屡屡出现。明万历年《仙岩松木记碑》中说："寺前寺后山上所栽松树，永垂阴映，不许妄动。"清嘉庆年间，措施更严厉，如有不肖棍徒擅敢登山盗伐，无知牧童纵放牛羊作践，许看管之人知会该首事地保，随时据实指名禀县，以凭拘案尽法究处。而植树造林更成为官方和民间的自觉行动，永嘉县光绪三十四年实业统计表记载，当年永嘉植树近四十万株，八千多亩。

1958年的"全民炼钢"运动使楠溪江上游山林再一次遭到毁灭性滥伐。由于炼钢需要燃料，当时温州市组织了大批人员到永嘉楠溪江上游山区伐木烧炭，下乡的干部群众在深山老林里睡草棚、盖稻草、吃番薯干配咸菜，天天抢斧头、拉大锯，把一棵棵参天大树锯倒、劈开，塞进大口窑里烧成木炭，送到岩坦镇上去炼钢。一般一个作业组一天可砍伐100棵大树，大批人马上山砍树，使永嘉境内的岩坦、碧莲、四川、鹤盛等山区大树基本上被砍伐殆尽，郁郁葱葱的山峰转眼间被剃成光溜溜的和尚山。据有关资料统计，1958年温州全市上山伐木烧炭的达1.5万人，共造木炭窑1287口，仅永嘉县当年就砍伐树木1.92万立方米，烧木炭50.2万担，从这以后，村民建房所需的大规格木料就很少能见到了。

油桐树、乌桕树是过去屿北的两种重要的经济林木。屿北的河谷冲积平原，坡缓向阳土壤是中性至微酸性沙质壤土，富含腐殖质、土层深厚、排水良好，十分适合油桐树生长。田坎、山坡以前生长着大面积的油桐树，榨油作坊也适时地出现。由于从油桐树果实中榨取的"桐油"比重轻，有光泽，不导电，有抗冷热、防潮、防锈、防腐的特点，是油漆、印刷油墨的优良原料。用它涂刷轮船、渔具，可防止海水腐蚀；还可以制成油布，成为"油布伞"、"油布雨衣"等。温州的水上运输有着悠久的发展历史，水运业发展直接带动造船业繁荣，运输、造船、木材、桐油等形成一条产业链；另外，以桐油为重要原材料的制伞业发展，也直接刺激油桐种植和乡村榨油坊的发展，据史载，从温州口岸出口的纸伞数量由1877年的0.12万把剧增到1907年的55.15万把。作为这一链条最末端的油桐种植和榨油业深受经济形势的影响，纸伞生产发展则油桐种植兴，生产规模萎缩则油桐遭致砍伐。明清时期，实行"海禁"政策，使沿海造船业停滞、倒退,直接影响到油桐种植业和榨油业,纸伞的生产和出口数量的大起大落也使村民走不出种树、榨油、砍伐的怪圈,商品经济发展起步艰难。

1935—1947年间,县农林场推广种植油桐树,1939年产桐籽25650担,1947年一年全县就新种油桐树近三万株。岙北村也在这一时期栽种了几百亩油桐林,据汪吉仁同志回忆,1940年他在担任岙北村贫农协会主席时,就曾动员村民到尖坑底山开垦了100多亩山地,种上了粮食、油桐树等作物,扩大了土地面积,改善了村民基本生活条件。新中国成立以后的各个不同年份,村里在山坡地上种植了许多油桐树,使油桐一度成为当时的重要经济收入来源之一。但因为油桐籽数量多,岙北的交通又很不方便,村民挑着装有油桐籽的担子,到下游很远地方卖掉,往往要花两三天时间,非常辛苦。于是,村里自己设置了榨油坊,利用设置在岩坦溪畔的三座水碓,日夜加工油桐籽,然后外运,省却了多余货物的重量,也增加了经济价值。由于水碓加工经济方便,外村也将收获的油桐籽运到岙北,委托代为加工。但到了20世纪60、70年代,全县的油桐籽产量急剧下跌,1975—1979年间,每年收购量不足100担。到了1978年,政府又大力鼓励种植油桐,永嘉县被命名为油桐生产重点县,到1983年收购油桐籽又上升到4240担。随着经济社会的进一步发展,原来需要使用桐油的一些产品,陆续为更高效、更廉价的化学物品所替代而逐步销声匿迹,如油布雨伞被更方便的防水布雨伞替代;油漆原料多用石化产品替代;现在已很少建造木质船舶,照明也用上了电,残酷的市场经济法则,使油桐的身价无可奈何地滑落,村里种植的大片油桐林荒芜,几乎被砍伐殆尽。

乌桕树在楠溪江沿岸也十分常见,大多在溪边、山脚种植,深秋时,乌桕树叶变红、黄、橙、紫等色,煞是好看。而且乌桕籽含油丰富,外层油称皮油,皮油含有约14%的甘油,是制造硝化甘油、环氧树脂、玻璃钢和炸药的重要原料。果实榨出来的油称清油,可以制造高级喷漆。但是,岙北现存乌桕树数量很少,和油桐树相比,其产量要低很多。1939年永嘉全县产皮油1388担,1972年上升到2714担,和油桐一样,现在的桕籽油也早已失去它的经济价值,20

世纪80、90年代被大量砍伐。现在桐油或柏籽油只用来制作土烛，到庙宇、祠堂敬祖、祭神时使用，所需的量很少。当年屿北村民用古老的油车来榨取桐油、乌柏油，油车是一棵千年大树木段做成，中间挖一条长槽，槽内倒入油料，再用一根根木头插入、挤压，将油从菜籽、油桐、乌柏籽等原料中挤出，顺着长槽流入油筒。如今油坊依旧，油车已无。

在楠溪江上游，汪氏可算是宗族势力最大的家族之一，因为田地、山林范围广泛，时常照管不到，利益经常受到侵害，族人为了土地、山林利益与外村或外族时有纠纷，甚至发生过大小规模的械斗。当然，山林也为屿北村带来巨大的经济利益，山里的原木、毛竹扎成便于漂流的竹（木）筏，顺岩坦溪、楠溪江水路几十里，运到下游的沙头镇进行交易买卖，再从沙头带回日常生活所需的各种用品步行或乘坐"舴艋船"返回村里。竹木资源维系着屿北村民日常生活，广泛用来交换生活日用品和获得现金收入。

屿北周围山坡上还生长着品质优良的栗树，栽植板栗也有很长的历史，历史上产量很大。其中以油光栗、毛栗最为著名，其丰产性能好，栗果光泽鲜艳，肉味香甜，果实较大，粒子均匀，一般30个为一斤，最大的一斤只有16个。楠溪江流域栽植柿子已有700多年历史，具有个大、皮薄、味甜等特点，一般为4个一斤，大的为两个一斤，株产在400—500斤左右，屿北的柿子年产达4吨左右，一般在霜降至立冬期间采摘。采摘后的柿子味涩，不能立即食用，需要加工成干果食用。在冬日温暖和煦的阳光下，家家户户院落内外竹箬笋上满是红彤彤的柿子，与农户宅墙上吊挂着的玉米相映成趣。柿子经过去皮、晒（烘）干而制成的柿饼，味甜如蜜，是用作馈赠礼物的上品。2000年时的产量曾达25吨，近几年产量有所下降。楠溪杨梅已有500多年的栽培历史，19世纪初期，有一种称为"永嘉迟土"的杨梅品种就已经闻名温州，被列入珍贵杨梅品种写入教材。楠溪杨梅主要产自楠溪江中上游的河谷低山丘陵，耐储藏、易运输，上市时间也和其他地方所产的杨梅错开，而深受老百姓喜爱。屿北的杨梅年产达8吨左右，源源不断地供给温州及周边城镇。

5. 其他

一般所谓的副业,如其名所示,是从属于农业的一种农暇时的职业,农民的主要收入当然还是以农业为主。屿北人聪明好学,心灵手巧,村民从事的副业五花八门,大凡在村民日常生活中需要的技艺工匠都能在村里找到,从建房必需的大小木匠、泥瓦工、石匠、彩绘师;到生产生活中必不可少的种植能手、耕、屠、樵夫、鼓乐手和扎灯、扎龙等老师傅;操控制作榨油、制面、纺布、印染、酿酒、刺绣、豆腐、缫丝、年糕点心和裁缝的男女;或教书先生和文化人,一切事情都能在村里或族人中搞定,是典型的乐趣怡然、自给自足的自然经济社会。家家有作坊,户户忙生产,屿北特色产品大都以地方物产为原料,是与村民生活息息相关的日常生活品。

■ 图3-3　手工纺织　　　■ 图3-4　粉干制作

楠溪江流域属中亚热带海洋性季风气候区,无霜期长,温暖湿润,四季分明,热量充沛,降水丰富,很早就有种植水稻的历史,尤其是引入糯稻以后,增加了粮食加工的新品种,据明代《稻品》所录的温州地区53个品种中,糯稻就有14个,占了40%,为家庭酿酒业的发展提供了充足的原料,并促进了酿酒业的发展,使黄酒的产量和质量大为提高和改进。家家酿酒,处处飘香,集原料生产、加工和消费于一体是屿北家庭作坊的一大特点,充分反映了农耕社会自给自足的经济特征。

楠溪江流域制作粉干的历史很悠久,并已经成为当地传统的

家庭副业。用楠溪江的碧水和上等研磨的米粉，制作出来的粉干如洁白纱线，韧中柔软，快熟耐煮，汤清不浑，味美耐饥，是食中上品。凡温州地区摆酒请客，总是先端上一大盆炒粉干。村里现在只有上了些年纪的妇女才有熟练制作索面的技巧，灵巧的双手左右上下挥舞翻飞，做好的索面细而均匀，长而不断，白里泛黄。

二、"舴艋船"的记忆

■ 图3-5　自制米酒

永嘉县"袋口"地形特征使屿北所在的楠溪江上游地区处于交通的末端，长期以来村民出行十分不便，外出交通一是靠沿溪岸的石板小路步行；二是乘坐"舴艋船"。步行或乘船到40多公里外的沙头镇才能转乘汽船或汽车，竹木等可借岩坦溪满水时扎成竹木筏漂流而下，但山货、水果、桐油等货物大多仍靠肩挑背扛，一般到沙头镇要花一到两天时间，由于从山路、水路外出都难，交通一直成为制约屿北经济社会向现代化发展的重要因素。1972年新建的公路沿着楠溪江硬生生地从山体石壁中开辟出来，通到屿北村，交通条件得到了改善，由于岩坦、屿北处于该公路的尽头，村民和货物运输仍不能说达到快捷便利的程度。而往北的仙居方向直到1991年才开通标准较低的战备公路，公路交通深入到楠溪江流域腹地，穿越山高林密的括苍山脉，贯通瓯江和椒江两大流域，后几经拓宽改建，这条41省道构筑成屿北陆路对外交通主骨架。

明朝从洪武四年开始实行的"海禁"持续近200年时间；清顺治和康熙年间也有40年时间实行"海禁"，不准本地商船运货出海，凡沿海居民一律后退海岸线30里，导致温州的对外出海通道

■ 图3-6　古道遗迹

被堵,沿海地区大片良田荒芜。于是从南方福建、温州南部地区到当时的经济中心太湖流域的便捷通道就由海路转移到了内陆,大量南来北往货物由海运转为陆路运输,沿楠溪江干流的古道成为"官道",沿海南北向"官道"由福建北上,越过瓯江后,沿楠溪江干流经仙居、嵊县、杭州直至太湖流域,昔日寂静的石板古道转眼间人来人往,昼夜不息,交通地位十分重要,承担了当时闽浙沿海与太湖流域的一部分货物运输功能。岩北村西的石板小路和三条石桥前的天灯亭遗址,很可能就与这条"官道"有关。古道过了三条桥就将进入岩山的悬崖绝壁,十分险峻。村民担心来往行人黑夜迷路,于古道旁设路亭,一是为路人避雨歇脚,二是便于悬挂天灯以助行人。

　　岩北的对外交通与楠溪江中下游交界的沙头镇有着密切的关系,历史上的沙头镇是楠溪江中上游地区竹木集散地和货物转运中心,从楠溪江上游所产的竹木和山货,走陆路、放筏或搭"舴艋船"沿江顺流而下,走50里水路到沙头就能中转到温州乃至全国各地。竹(木)排与"舴艋船"在蓝天白云、碧水白帆、绿色滩林与青黛山岚相衬下，构成楠溪江上一道独特的风景线。

　　"舴艋船"头尾呈尖形，吃水小，行舟轻快，进退灵活，自古以来是我国南方江湖浅滩常见的水上交通工具。也是过去浙西、浙南地区沿楠溪江、瓯江货物运输的主要航运船只。村里的儿童小时候常折一种纸船，两头尖的，又各带一个篷，就是仿了这"舴艋船"的。真正的"舴艋船"，船篷是在中间的，这大概是纸船折不起来的缘故。但那样折起来的纸船，已经是非常神似的了。

■ 图 3-7　楠溪江水道

　　虽然永嘉到仙居的石板小路有些历史了，但毕竟坎坷不平。运往城里的木头、毛竹、柴爿、麦秆、桐油、红柿等山里的特产，多是用"舴艋船"运输的。20世纪50—80年代，供销社里的化肥、白糖、布匹、煤油、食盐等村民生活必需品，也多由"舴艋船"从城里运来。滩边埠头一溜儿排开，拴着不少的船只，撑篙林立，船篷黑压压的一片，大有"门泊东吴万里船"的气势。南风季节，每到午后，从村头放眼望去，楠溪江的运输队白帆悠悠，着实生动美丽。船工的艰辛也绝非一般人所能体会的，楠溪江坡陡流急，当满载货物的"舴艋船"逆水行舟时，要选准刮南风的日子，助推风帆。还常常要靠船工匍匐拉纤或下水推船才能使船前行，一条用竹篾丝编织成的几十米长的篾缆，一头固定在船首，一头系挂在纤夫的肩膀上，身体前倾，弓背蹬脚，使劲地拉紧纤缆，时常得借助脚尖顶地，一步一步艰难地向前走。

"舴艋船"给孩子们的记忆是纯朴美好的，有一篇文章写道："那时候我们刚刚看了黑白电影《渡江侦察记》，我和伙伴们游泳时，就横过江去，到那些船上去侦察侦察。我们进了几条船，船舱内有铺卷，有长柄的木桨。特别是船舱的铺板，被打磨得溜光滑亮，看了，就只想在上面躺一躺。船尾有小缸灶，有劈得细细的柴爿，还有一只带柄的小铁锅。有的船上的小铁锅大概多日未用了，生了一圈红赤赤的铁锈；有的揭了锅盖，一看，锅里还有一些饭焦哩！据说老大们从来不洗铁锅和饭碗的，这是规矩，走在江湖上的人总不能没个规矩吧？"

楠溪的"舴艋船"主要是运货的，不过偶尔也搭客，一般都是熟人，免费的。有船歌唱道：

春雨楠溪春水流，
撑船老大喜心头。
船舱装满货和客，
一路景色到温州。

注　释：

① 晨凫、青桐等为船型名称。

本章参考资料

[1]《史记》卷一二九《货殖列传》
[2] 樊树志：《江南市镇传统的变革》，复旦大学出版社，2005年
[3] 吴奕：《大办钢铁见闻录》，《温州文史资料—20》，2006年
[4] 张仁寿、李红：《温州模式研究》，中国社会科学出版社，1990

年

[5] 陈立旭：《区域工商文化传统与当代经济发展——对传统浙商晋商徽商的一种比较分析》,《浙江社会科学》,2005年第3期

[6] 朱康对：《来自底层的变革——龙港城市化个案研究》,浙江人民出版社,2003年

[7] ［美］施坚雅主编、叶光庭等译：《中华帝国晚期的城市》,中华书局,2000年

[8] 陈志华等：《楠溪江上游古村落》,河北教育出版社,2004年

[9] 王瓒、蔡方编纂,胡珠生校注：《弘治温州府志》,上海社会科学院出版社,2006年

[10] 俞光：《温州古代经济史料汇编》,上海社会科学院出版社,2005年

[11] 俞雄、俞光：《温州工业简史》,上海社会科学院出版社,1995年

第四章　积厚遗远　化民成俗
——屿北的风土与民俗

二、屿北的民间信仰

　　民间信仰是广大民众在日常生活中自发形成的信仰心理和信仰行为,内容庞杂,包罗万象。永嘉地方民间信仰把许多成功的因素归因于有神灵护佑和相助。为"有求必应",习惯于向各种菩萨"许愿"和"还愿"。屿北民间的信仰以神、祖先和鬼三类崇拜对象为核心,包含了广大群众的思想观念和实际需求,虽是"俗文化",却与士大夫、文人雅士创造的"雅文化"有着千丝万缕的联系。

(一) 民间信仰的特点

　　历史上屿北村的民间信仰十分盛行,这种普遍性反映在:
　　一是敬鬼崇神普遍,庙宇林立。
　　《弘治温州府志》中说:"温俗好鬼,多淫祠,凡市集、乡团居民,或百余家,或数十家,必设立一鬼以祀之。"楠溪江流域的信仰是多元的、无序的,村民习惯于见庙烧香、遇神磕头,即便是早就有大慈大悲、有求必应的观世音菩萨,人们在崇拜她的同时,也并不排斥其他神灵,哪怕只是些花妖狐怪的小毛神。这或许显得有些功利,有些芜杂,但却有平等宽容、质朴丰满的气象。于是在楠溪江流域，正宗的佛寺道观并不多，大多是清一色的崇祀浙南民间神祇的"淫祠"。《白虎通·五祀篇》说："非所当祭而祭之，名淫祀。"而淫祀的庙宇即为"淫祠"。

在生产力低下的自然经济社会中，人们既不理解，也不需要精神性、哲理性的宗教，他们的心态纯粹是事功和实用主义的，这与叶适等学者倡导的"永嘉学派"思想是一脉相承的。当现实生活中发生困难需要帮助时，就寄希望于一些所谓的"有求必应"、"救苦救难"、"大慈大悲"，掌管着人间生产生活的各种神祇。楠溪江的泛神崇拜包含着万物有灵的自然崇拜，天、地、山川、风、雨、雷、电甚至是各种动物等都可以成为崇拜的对象。反正多一个佑护就像多买一份保险，总没有坏处，所以，屿北的神灵和庙宇显得丰富多彩。不大的屿北村有大大小小近十座庙宇，规模较大的有屿北宫、昭福寺、尖坑底宫、关爷庙、陈五侯王庙等几座，还有双樟树

■ 图4-1　汪应辰牌位

庙、元坛爷庙等较小的庙宇。其中除屿北宫保存较完好、规模较大以外，其他或只有建筑遗址，或只是简陋小庙，众多善男信女磕头拜礼的盛景很难再现。这些庙宇中的和尚或尼姑也早就不见踪影，现在正宗佛寺、道观在村子里已经不存在了。但是村民的生活仍然需要自己去面对，没有了正宗、主流、理性的入世宗教，人们就会去寻找替代品，寻找那些民间的宗教。于是，村头村尾或高丘台地，几块砖瓦拼在一起搭起小屋，摆上案桌和鸡鸭猪牛肉、水果、糕点，挂上几条幡布、插上几炷香就可以祭

祀土地爷或其他民间神灵,神灵管辖或保护的范围很小,或许只是村里的某一个方向、某一块田地,所以村里的这类小庙或供人顶礼膜拜的地方还有好几处。神灵的化身无处不在,有时路旁几块石头或因来历特殊,或附会着什么故事而特有灵气,充当起神灵的化身,享受香火和斋供的待遇。至于结果如何几乎没有什么考虑,如果心想事成,则到菩萨面前跪拜叩首去还愿;如果得不到,则说明心未诚、礼未到,需要再虔诚地祭拜神祇。

　　屿北庙宇中供奉的各种各样的神灵,地方色彩极为浓郁。除了供奉土地爷、门神、三官大帝、关公等各地都祭祀的一些神灵外,还祭祀在楠溪江流域普遍供奉的陈十四、陈五侯王等颇有地方特色的神灵。

■ 图4-2　路旁祭神处

　　二是信仰活动频繁,组织有序。

　　历史上,民间信仰活动在一年的特定岁令时节或遇天灾人祸时便会进行,活动频繁而声势浩大。最具规模的就属农历元宵前后的舞龙和二月廿一的灯会,家家户户参与,男女老少上阵,张灯

■ 图4-3　陈十四娘娘塑像

结彩,倒影川流,吹笙鼓簧,彻夜不绝,企盼来年五谷丰登,六畜兴旺。

当遇到干旱、暴雨、台风等自然灾害时,村民祈求神灵减轻灾害,保佑百姓,进行求雨拜神仪式——舞雩等祭神活动。各类信仰活动在单一血缘村庄中,组织得十分井然有序,宗族决定着信仰活动筹办的大小事宜,由专人负责,以保证活动的顺利进行。

三是信仰种类繁多,功利实用。

《礼记·祭法》说:"山林川谷丘陵,能出云,为风雨,见怪物,皆曰神。有天下者祭百神。"这是自然崇拜。又说:"夫圣王之制祭祀也,法施于民则祀之,以死勤事则祀之,以劳定国则祀之,能御大灾则祀之,能捍大患则祀之。"这是英雄崇拜。对神灵的自然崇拜和英雄崇拜,使得凡是受村民尊敬和有村民不能理解的"灵异",包括自然力、自然现象、自然物、各种传说人物和历史人物等都能加以神化,列为崇拜对象。村子里的村民,不管是穷人富人,事无巨细,也无论为公为己,都可以向神诉求,功利色彩浓厚。而神灵正是为了这种感情需要而被人们自己造出来的。大致有这五类:一类是农业类神祇,常见的有三官大帝、土地庙、龙王庙等;第二类是与文教有关的文昌阁、文峰塔或魁星楼等;第三类是与人们的日常生活有关的,如灶神爷、财神、门神、送子娘娘等;四是在历史上曾为国家和百姓办过好事的著名人物;五是以"忠、孝、节、义"闻名,堪为世人表率与楷模的历史人物,如关羽、岳飞、包拯等。在功利思想影响下，占卜、求签、解梦、风水、算命等其他民间信仰在过去也非常流行，人们在决定婚嫁、建房、出殡、访友、出行、生子、求学等家庭大事或做买卖的时候，要看看老皇历、看看风水、算算命、求求签，以消灾避难，保佑平安，寻找心理上的安慰和精神上的寄托。

（二）民间信仰盛行的特征和原因

屿北民间信仰的盛行与楠溪江流域的自然和社会背景密切相关，既有浙南地区村庄的共性，也有屿北的个性。从文化地理学的角度来讲，北部横亘的重重大山阻隔，楠溪江向南流入瓯江，使这一流域的村庄及民俗民风具有对遥远北方封建社会都城的离心性，更具有独立性和地域性。既使如屿北汪氏这样的显赫家族，也免不了被瓯越文化所融合而失去过去官宦望族色彩和特征，其特征如下：

第一，屿北民间信仰与楠溪江地区的民间信仰一脉相承。浙南是古代百越族的聚居地，流行越文化的"信鬼神，好淫祀"，鬼神信仰相当普遍。而楠溪江中上游古村落多为外来移民所建，经过千百年的发展，这些外来文化与传统的越文化日趋融合，现在屿北村民信奉的陈十四娘娘、陈五侯王、关公、三官大帝、土地爷等在整个浙南地区也广泛流行，南北文化的相互融合，民间信仰的相互影响使楠溪江流域民间信仰趋于类同。

第二，屿北民间信仰与佛教、道教等宗教信仰相互融合。佛教、道教历史悠久，从大的方面来看，它也是一种经过提炼、升华和有组织的信仰，与民间信仰之间存在着相互联系，具有共通的一面。佛教是外来宗教，在漫长的历史发展中已经逐渐世俗化，佛教的许多神灵也为民间所供奉，为平民百姓所接受。道教更是土生土长的宗教，与民间信仰的融合度较高，道教中的神灵，如玉皇大帝、太上老君、八仙等在屿北民间广为流传，无处不在，建筑物及其装饰图案中经常可以见到八仙、暗八仙或道教的典故。同时，民间信仰的许多神灵也逐步为道教所吸纳，温州地区流行的妈祖、陈十四娘娘、杨府大帝、陈五侯王等都为道教所吸收，成为道教神灵。民间信仰和道教结合紧密，到了几乎是形影不离的程度。

第三，屿北民间信仰有广泛的群众基础。村里凡是上了些年纪、有过一定生活经历的村民都曾有崇拜神灵的需求和体验，实现五谷丰登、全家平安、财源滚滚、人丁兴旺、逢凶化吉、健康长寿等朴素的愿望，使得祭祀神灵成为自发和自愿的行动。心理需求产生强大的力量，村里多数庙宇道观是在群众倡导下，通过自愿集资、捐物或捐地而完成的，这也是民间信仰能在屿北村长期存在的一个主要原因。在屿北村头的三官爷亭内，还可辨认出闲存堂众族人和汪致中捐献折合成二斗谷子的土地建亭的痕迹。

神灵之所以在屿北和整个楠溪江流域村落中大行其道、经久不衰，固然与地方传统民俗习惯有关，还缘于以下三个原因：

一是自然灾害频繁。历史上，干旱、洪水、台风、瘟疫经常发生，人们抵御自然灾害的能力十分有限，灾害一来，常常是倾家荡产，甚至是家破人亡。即便是防灾基础设施大为完善的现在，自然灾害袭来仍不能完全避免生命和财产的损失。2003年的一场台风暴雨使岩坦溪水暴涨，越过堤防漫入屿北古村，村西村民新建住宅进水达半米多深，给农户造成很大的经济损失。在人类对自然灾害还不能完全控制和消解的情况下，对灾害的恐惧心理仍然使得人们焦虑不安，而神灵恰能抚慰人们的恐慌心理，满足他们的企盼和诉求。

二是社会矛盾重重。中国历史上朝代更迭，战事纷乱，社会矛盾错综复杂，社会最底层平民百姓常常为此感到迷茫和困惑。于是创造出各种保护神，这些神灵或是忠臣名将，或是御寇英雄，或是清官良吏，或是乡贤名士，屿北各庙宇道观和宅院都供奉如关公、陈五侯王、秦琼和尉迟恭等神灵。人们相信他们能伸张正义、化解矛盾、保佑平安，在一定程度上可以减轻人们在遭受社会苦难时产生的巨大压力和恐惧。

三是民间信仰与民俗文化的融合。民间信仰与民间习俗、文化体育活动和重大节日融为一体，集民间信仰、民间文化、民俗民风于一体，起到了强化民间信仰的作用。屿北舞龙民俗以跳龙舞、吟龙诗等文化活动形式表达对龙的祭拜，颂天下太平、人民平安；祈祷雨水充沛、五谷丰登。

（三）屿北供奉的主要神灵

1. 陈十四娘娘

重建于清道光五年（1826年）的屿北宫已有180多年的历史，现存建筑基本保持初建时的完整风貌，未经大规模的维修。大殿主间供奉陈十四娘娘，次间左龛祀土地爷、财神爷，右龛祀三官大帝，诸神合一，和谐相处。在古代，"宫"是不可以随便称呼的，这是皇帝居所的专用名词，只是到了唐玄宗时，视老子为先祖，才可以把道教供养老子的场所叫"宫"。楠溪江上游庙宇多供奉出身于人的神，什么三官大帝、关公、陈五侯王……总之只要能在风调雨顺、升官发财、生儿育女、治病疗疾、男婚女嫁方面显灵，不论地位高低，皆可成为庙中供奉的神。现在主殿供奉全宫神主是主管生育的陈十四娘娘，主殿两侧祭祀三官大帝、福禄寿三神等一行十多位各司其职的神灵。诸多神灵主次分明，和谐相处，与仪态安详的祈福门神倒也和谐般配。村民心里有结，便到庙里烧几炷香、磕几个头，以求化解，回去依旧过自己的日子。

陈十四娘娘原是福建的神，本名陈靖姑，得道之后被封为临水夫人。在福建，临水夫人庙差不多已和妈祖庙比肩了。楠溪江流域的许多居民是因五代十国时闽国内乱从福建迁徙而来，陈十四娘娘也成了楠溪江流域一个到处可见的神灵。她被看成是专事扶危救困、救产保赤的，也有地方把她视为主管生育的神灵。生儿育女、传宗接代乃是宗族头等大事，因而供奉陈十四娘娘的庙宇香火旺盛、长久不衰。

关于陈十四娘娘，最详尽的记述是清乾隆、嘉靖年间何求撰写的《闽都别记》里。在大唐末年，闽国泉州刺史要造洛阳桥，苦于经费不足，富户又不肯捐助。观音大士获知，亲身施美人计，骗了一大笔钱，供造桥之用。吕纯阳前来捣乱，斗不过观音，便拔下白发，投入水中，变成白蛇。观音识透玄机，"咬破指头，将血向西北弹送人家投胎为女，以收此蛇"。这个由观音大夫指血化成的女儿，便是陈靖姑，诞生于大唐天祐元年（904年）。陈靖姑为抗拒早婚，只身到"闾山大法院"许真君门下学法，"召雷驱电、唤雨呼风、缩地腾云、移山倒海、斩妖捉鬼、退病除瘟诸法皆学精熟。惟不学扶胎救产，保赤幼童"。陈靖姑学成下山，施展法术，屡屡打败吕纯阳白发所变的白蛇精，救出未婚夫成亲，最后将白蛇精斩为三段。"地方官"将白蛇盘踞的古田临水洞改造成宫阁，闽王封靖姑为"临水夫人"，住到临水洞中。后来历经斩妖驱魔的各种战斗，收了林九娘、李三娘、高雪梅和邹铁鸾4位徒妹，后又收36宫娥，500女兵。24岁时，不料被她斩下的白蛇的头又勾结鬼怪逃出作恶，陈靖姑再去追杀，因已怀有3个月的身孕，"坠胎落水，风寒侵入脏腹，未学救产之术，不能自救。割骨还父，割肉还母，只将指血咬出，弹送归还南海，遂坐蛇头而化"。一缕芳魂重回闾山，找到许真人，"再学救产扶胎之法"，学成后仍住临水宫，从此，"凡有人间胎产，远近呼之必到拯救"。张果老知道她和四位徒妹脱凡，奏请天帝封陈靖姑为"临水夫人"。闽王则加封她为"崇福昭惠临水夫人"，赐临水宫额为"龙源庙"，又在她娘家处另建行宫。民间救产祛痘都由陈靖姑施惠。南宋某皇帝再加封她为"崇福昭惠慈济临水夫人"，赐匾"顺懿春秋"。《闽都别记》第一百九十四回总结，陈靖姑"无时不与国家救困扶危，消灾解难……现今福州城厢内外及各市镇，无处不建立临水夫人之庙宇，无家不供奉临水陈大奶之神像"。

这样一位由观音大士指血化成、遗传了大士救苦救难基因的临水夫人陈靖姑，当然受到弱势无助又缺医少药的农村居民的崇拜，楠溪江中上游各处村庄大多建有陈十四娘娘庙。

2. 门神

屿北宫内原有三对门神，大门一对，内院两对，其中女门神一对，可惜现只残存内院的一对男性门神。门神的形成是基于中国传统木作建筑基础之上的，是围合

■ 图4-4　门神

的宅院提供了中国人认为的神人鬼三界出入的宅门条件。这种以防御为主导思想的宅门保护措施，与神鬼传说、礼制需要相互结合，很自然地便产生了用以祭祀的门神，从而产生装饰艺术与中国神话、礼制文化相结合的门神现象。

但是，在楠溪江流域传统耕读文化传统影响下，屿北宫门神既选用一般世人皆知的武将秦琼和尉迟恭等英武形象，也选用福禄财神降临人间模样的门神，体现了民间百姓的审美价值取向，符合世俗加官进禄、得利进财的祈福愿望。首先，由于明清以后，随着社会文明的不断进步，人们对自然界的认识加深，尚武精神逐渐衰退；其次，屿北村地理位置相对封闭，受战乱影响较小，村落选址建设非常注意安全防卫措施；第三，血缘村落的村民相互认知度高，互助性强，和其他地方相比，安全感强；"耕以致富，读以荣身"的耕读文化理念崇尚读书，通过科举当官进禄，心理上较能接受"祈福门神"的文官形象。这也与屿北宫道观的性质较吻合，当然，秦琼和尉迟恭站在门口守卫屿北宫，还是给人以安全感，保佑平安。

现存的一对门神一副文官穿扮，戴纱帽，穿朝服，执长蟠，着拂尘，慈眉善目，雍容华贵，俗语说"手拿拂尘不是凡人"。拂尘原是道场中的一种法器，是道、儒家修成正果的象征，后来演变为兵器的一种，在道门中有拂去尘缘，超凡脱俗之意。人们熟知的太上老君、太乙真人和八仙中的吕洞宾，皆以拂尘壮其神威。门上一副门联曰"天地君亲师，仁义礼智信"，是人们所熟知的儒家名言，儒家思想对士大夫和一般群众的影响是很深的，村民常在佛教的出世哲学里寻找精神寄托，在日常行为上遵循儒家的道德伦理，而广大村民受功利影响崇拜地方诸神，为屿北及楠溪江中上游地区道教与儒、佛教及地方神信仰的融合提供了生存土壤。

1958年，屿北宫曾一度成为农业中学的教学用房，建筑布局因此进行了局部改动，大门的位置向外突出，门板被卸下重新用作了教室的隔墙。始建于明代、重建于清代的屿北宫，历经180多年沧桑岁月，已经衰老破旧，但仍然是屿北村现存众多庙宇寺观中规模最大的，延续着百年香火，寄托着百姓希望。这对看护内院的门神彩绘画像已依稀难辨，但仙风道骨之态油然而生，楠溪江中上游许多地方的村民也经常来此祈祷神灵，保佑平安。

3. 关爷

屿北村的关爷庙，在屿北村被称为下殿，建于屿山北麓的水口桥桥头，过去是与桥、上殿、中殿等一起组成屿北的水口。夕阳照耀下的庙宇门楼巍峨残存，精美砖雕仍依稀可辨。

关爷即关羽，东汉末年至三国时期为刘备手下的一员大将，在生前及死后的一段时期并不著名，到了宋朝以后才逐渐有了点名气，元末明初的长篇小说《三国演义》方使关羽威名大振，他与刘备、张飞桃园三结义，富有传奇色彩的赫赫战功使关羽成为民间妇孺皆知的英雄豪杰，成为勇武、忠义的化身。关公无论在国家大事上还是在个人品格上，都被认为是完美的，而且他有高超绝伦的武艺可以去实现他的完美。他是忠诚、正直、爱民的美德化身，又为一切邪恶的妖魔鬼怪所畏惧。正因为这位集忠、义于一身的关羽对臣民有特殊的教化意义，所以越来越多地受到封建统治者的推崇。明神宗加封关羽为"协天护国忠义帝"、"三界伏魔大帝"、"神威远镇天尊关圣帝君"，使关羽从一名武将变成了人间的"大帝"，成了朝廷和民间共同供奉的神灵。自明代以后，关帝就成了广大百姓崇奉的"武圣人"，达到了和"文圣人"孔子平起平坐的地位，于是文、武庙并存成为普遍现象。在农村，出于功利主义和实用主义的"有求必应"，将关帝进一步神化，使他不但具有非凡的武功，还有掌握人间命禄、助人中科举、驱邪避恶、除灾治病、招财进宝等各方面的法力，关帝成为全能的神灵。在民间，尤其是在农村，关帝的地位大大提高，就庙宇的设置数量而言甚至超过了供奉孔子的文庙。屿北村在村的水口位置设置关爷庙，就是祈求这位战无不胜的武将为屿北守关镇邪，保佑一方百姓平安。

4. 三官爷

楠溪江流域是以耕读社会为特征的传统农业地区，各个大小村庄都供奉有主管农业生产命脉的"天、地、水"的三官爷。和屿北宫这样的建筑相比，村里的三官爷庙规模较小，没有建造的定式，装饰也比较朴素。屿北村东边的三官爷庙远看就很像是一般的路亭,并不引人注目,是村民劳作休息、闲谈交往的场所,少了几分正规宫庙的严肃,多了几分乡间建筑的随和。屿北的三官爷庙通常都位于村边的田头或水池(井)边,意喻掌管农业的神灵与农田、水利的密切关系。

　　中国民间很早就有了对天官、地官、水官的崇拜。《魏书·释老志》说:"一切众生,皆是天、地、水三官所统摄。"但中国人的功利主义要求凡崇拜必能有一定效益,于是,擅长于造神的道教把三官加以改造,宣称天官职司赐福,被封为"天官赐福紫微大帝"、"地官赦罪清虚大帝"、"水官解厄洞阴大帝",地官职司赦罪,水官专管解厄,职责分明,直接关系到人的实际生活。后来又进一步把"三官"更加世俗化。明代徐道在《历代神仙通鉴》里说,天官、地官、水官分别就是元始天尊口中吐出来的尧、舜、禹,"皆天地莫大之功,为万世君师之法";清代姚福在《铸鼎余闻》里说:三官是周幽王的三位谏臣;而《三教源流搜神大全》记载的民间故事则说三官是姓陈的同父异母的三兄弟,母亲分别是龙王的三个女儿,他们神通广大,法力无边。把崇高的自然神降格为人之子以后,乡民

■ 图4-5　三官爷庙

们才理解了他们,接受了他们,以至于地不分南北,"三官庙"遍及各地农村,三官大帝成了无所不能的万能之神。在赐福、赦罪和解厄三者中,人们选择了更有积极意义和包容性的"赐福"。将"天官"与员外郎(表官禄)、南极仙翁(表长寿),一起合放为"福禄寿"三星,家家户户的中堂都挂上三星图,叫"三星在户,喜庆盈门"。这样就把过于概括的、有终结性意义的"福"字具体化为农耕社会里人们的最高生活理想——长寿、多子、发财。因此,天官最受尊重,有的地方也把"三官庙"称之为"天官庙",每逢月之初一、十五,村民都要到庙中烧香点烛,向三位神灵祈祷福祉。

这样算来,屿北村敬奉三官大帝的庙宇还不止一座,屿北宫内就有三官大帝的神龛。有钱人家出了难事或想保佑什么,就带头捐钱造庙或塑神像,这时族内各家和周围地区的善男信女也纷纷捐款或出工出力,于是一个村子有可能出现多个三官爷庙宇或塑像,供大家拜祭。

5. 双樟树庙与九钦相公

双樟树庙在村子西北面的一块墩丘地上,据传墩丘上昔日有两株大樟树,连理同根,庙就建在大樟树旁,以求得神灵赐福。现在所谓的"庙"不过一人高,根本不能进人,连到庙前的路都没有,荒凉寂寞。庙里供奉的是陈九钦相公。据村里人说,这位陈九钦相公就是在楠溪江一带大名鼎鼎的陈五侯王。楠溪江中上游村落,陈五侯王是个响当当的神灵,几乎各个村庄都有陈五侯王庙,香火很旺。但是叫法不同,中游村落大多有精心修饰过的庙名,如孝祐庙、圣湖庙、仁济庙等,上游村落相对来说简单直白,毫无修饰。屿北另外还有一个陈五侯王庙遗址,在屿山西南屿山山麓的"水口"位置上。此地悬崖绝壁,地势险要,古树参天,遮天蔽日,是楠溪江中下游到上游黄南和括苍山深处的必经之地,从弯弯的石板古山道俯瞰崖脚,便头晕目眩,心神恍惚,一片萧森气象。当天阴云黯时,过客路经此地,便会心魂不定,遂加快脚步,奔驰往光明之地。但乡民早已不知道陈五侯到底是个什么样的神灵。有人说他是陈十四娘娘的弟弟,曾经赤手空拳打死老虎救人。据不太可靠的传说,她就是福建的陈靖姑。又有人说,不是陈五侯王,而是陈五牛王，主管牛的繁育和健康的神。永嘉芙蓉村的《陈氏族谱》里有一篇写于明洪武二十一年（1388年）的《宋陈五侯王庙碑记》全文。文中说：陈五侯庙"坐镇一乡，民居数千口，咸依密佑，多历年所，祈祷随而显应不可弹述"。但是碑文又说："其自出世代及侯爵之锡则未闻也。"这位陈五侯王的来历并不清楚，为什么被封为侯也不清楚。碑记里又说，陈五侯王"居小源"，小源就是楠溪江的支流之一小楠溪，小楠溪沿岸村庄也有许多陈五侯庙。庙旁有汪氏分房祖之墓，这是神灵、祖辈合一的祭祀地，古庙、坟陵依然肃穆存留。

6. 天灯亭的民俗

天灯亭在屿山脚下的三条石桥前，现已毁。古时村西石板古道为瓯江以南直至福建通往仙居、杭州和太湖流域的要道，尤其

图4-6　灯柱遗迹

是明洪武年间开始实行的"海禁"政策，迫使大量南来北往货物运输由海运转为陆路运输，沿楠溪江干流的古道成为"官道"，昔日寂静荒漠的古道转眼间人来人往，昼夜不息。古道由北向南过了三条桥就进入屿山悬崖绝壁，十分险峻。村民担心来往行人黑夜迷路，于古道旁设路亭，一是为路人避雨，二是便于悬挂天灯以助行人，并在此供奉神像。

悬挂天灯是为

路人照明并起提示作用的,在亭外放置一根木柱,在上面系着长绳,绳的一端缚天灯一盏,夜幕降临,点灯升杆,造福路人。村四周寨门出入口处,也设置多个为路人照明用的石柱础和木柱。以后这种习俗和实用的功能则演化为民间风俗。逢岁末年初,村民点燃天灯,拉着绳索使天灯升挂柱头,通宵照耀,恳祷土地神向天公呈报吉事,祈安赐福,消灾解厄。

7. 基督教堂

改革开放以后, 西方的神灵也开始进入屿北这样偏僻的山村,宗教崇拜更加多样化,信仰更加自由。20世纪90年代,教徒们在村外屿山山麓新建了一座基督教堂,周围几个村的教徒都集中在这里做礼拜、祷告、唱诗、忏悔。可能是教堂位置或材料选择有误,防治措施没有到位,几年前教堂因虫蛀而倒塌。

二、屿北的社会生活

血缘关系、地缘关系和行政关系三种社会关系纵横交错,构成屿北村的全部社会关系网络。屿北百姓的现实生活就是在这一网络中进行的。屿北村的社会组织有两套系统:按地缘关系划分的行政组织,封建社会是都——里,乡——保——甲;近现代是人民公社——生产大队——生产小队,镇(乡)——村——组。按血缘关系划分的宗族,分族——房——家门——家四级。建立在自然经济基础上的屿北古村社会结构,只是一个乡土社会的差序格局。以父系血缘为主线的呈水波纹式结构贯穿整个社会,亲属亲戚关系构成主要社会关系。原则上屿北村父系血缘的单向亲属关系,成为社会的主要骨架。不过母系血缘关系所产生的亲戚关系也是屿北村社会关系中不可忽视的重要组成部分。

除血缘关系外,村庄之间构成屿北的地缘关系。地缘关系更多地表现在血缘关系的扩展和行政关系的界定方面,经济联系似乎不那么重要。由于通婚范围较小,使屿北户与户之间不是亲属就是亲戚,总能拐弯抹角地攀上关系,彼此盘根错节形成户与户之间非常密切的关系。屿北与周围村庄之间的联系,更多表现在因婚姻关系而带来的血缘关联上,经济的互助,人情的往来,都是在血缘关系下展开的。改革开放以后,村里的年轻人走出穷山僻壤,外出闯世界,使联姻的地域范围日趋扩大,由血缘带来的地缘联系也相应扩大。

屿北村虽然位于楠溪江上游偏僻山区,交通不便,物产不丰,历史上仍被纳入封建社会行政体制,建立了基层里甲制、保甲制,并通过层层递进的行政隶属关系,与整个国家联系在一起。新中国成立后,人民公社体制和改革开放以后的行政村、村民小组体制等,使行政关系成为屿北村的第三种社会关系。

在三个层次的社会关系中,血缘关系是根本性的社会关系;地缘关系是血缘关系的空间投影,是其在区域范围上的进一步扩展;行政关系则是来自外部的强加力量。三种关系的调适配合,维系着屿北社会的运行,推动着屿北社会的变迁。

(一) 村落社会和家庭特征

家庭是屿北社会的基本单位,是社会关系的起点。从外推三

■ 图4-7 家在屋檐下

代，构成近亲范围的家门；从家门再外推五六代，则构成远亲范围的亲房；从远亲再往外推，就构成了同姓房族。范围越推越大，关系由亲而疏。严密的宗法制度和按照父系的血缘关系将庞大的族群结合在一起。在自给自足的经济条件下，人们赖此以生存，赖此以发展，休戚相关，福祸与共。

中国社会的发展十分看重血缘关系和家庭关系，这首先与"五世同堂"、"九代同居"的大家庭制度密不可分。诗经《小雅·斯干》中有"筑室百堵，西南有户，爰居爰处，爰笑爰语"的诗句：建筑了许多房间，西南向都有门可通，大家住在一起，在一片黑瓦盖顶的大宅院中，阖家而居，同灶而食，经常说说笑笑，那么多亲人一起生活在同一屋檐下，是一幅多么闲舒、安宁、快乐的图画呀。过去，屿北汪氏也多为大家庭居住形态，村里的"十九堂"居住着大部分的汪氏族人，大家庭氛围浓郁热闹。

屿北汪氏基本上都能准确说出自己属于哪一房族，知道该到村内哪一房宗祠祭祖，村内现存汪氏后裔以汪应龙后裔四房、六房人数较多，表明该汪氏支系势力相对强势的事实。近几年，六房宗祠由房族后裔捐资进行大规模修缮，四房宗祠则进行了重建。而其他支系后裔人数少，势力弱，宗祠年久失修，破败不堪，也不加修缮或重建。如新垟宗祠在20世纪40年代被国民党军队焚毁后，只留下残存屋基，任其风吹雨打，继续损毁。

1. 家庭类型和规模

屿北家庭类型和规模与过去相比已经发生了根本的变化，"五世同堂"、"九代同居"等封建社会常见的大家庭形式基本消失。从户籍登记分析，现在屿北家庭主要以核心家庭结构为主，即家庭由一对夫妻和他们未成年的子女两代人构成，也有少部分独身老人或老夫妻两人组成的家庭，这种通常是老人丧偶、孩子独立分户或在外地工作生活的情况。子女成年结婚生子后，分家单过、户口单立已经成为十分普遍的情况，据统计，仅2000年以后，全村新分户数就达到104户，家庭人口平均规模进一步缩减，2005年全村家庭人口平均规模仅3.2人。实际生活状态与户籍登记情况却大相径庭，老人和他们的第三代共同生活的场景十分普遍。这是由

于村里青壮年劳动力大多外出到城镇经商务工,而城市的社会保障和教育、医疗等服务又尚未完全覆盖到这些人群,仍旧是按照人口的户籍登记地来进行管理,在经济条件不是非常富裕的情况下,将未成年的孩子留给村里的爷爷奶奶照顾成了最现实的选择,爷爷奶奶和孙儿孙女的亲密程度甚至超过父母与子女的关系,形成乡村特有的家庭代际关系特征。

2. 家庭功能特征

经济条件的好转、社会生活的变迁使屺北家庭从过去耕读社会的经济和养育功能为主的共同体,逐渐转变为具有更广泛功能和内涵的乡村基本生活单元,其重要性日益突出。这些功能包括了经济功能、生育功能、感情功能、社会保障与社会管理功能等。其中过去由宗族承担的社会保障与管理功能,已变为行政系统与家庭共同承担的责任,社会管理功能由过去宗族承担变为由村民自治和行政管理结合的双重体系所替代。

■ 图4-8 百岁老人

经济功能:

家不仅是感情的附着点,更是物质生活的依靠和保障。一般家庭既要养育下一代,又要承担反哺老一代的任务,背负着很重的经济压力。作为家长和家里的主要劳动力,生活、读书、看病处处需要钱,夫妻俩必须起早贪黑地干活,辛辛苦苦养育孩子,赡养老人。当孩子长大成人,具备劳动能力时,家庭的经济状况会逐渐好转,但家长也必须为子女的婚姻、建房、分家等做好准备,乡村家庭经济负担是比较沉重的。因此家庭既是生产单位,也是生活单位,家庭人口结构的变化直接影响着家庭经济状况。几百年来屺北的家庭结构和家庭经济,就是在这种相互关联的变化和起伏

中,维持着自然经济的循环圈。

改革开放以后,家庭的经济功能得到较充分的发挥,村民的选择自由度大大扩展, 大批青壮年劳动力走出家门外出闯世界,家庭的经济结构起着较大的变化,甚至冲击着几百年根深蒂固的传统家庭道德伦理观。

养育功能:

浙江人特别是温州一带人民,其生存的技艺和文化传统不仅可以在社会中学习,也可以在家庭中学习。屿北古村几乎家家户户都有酿酒,制作豆腐、年糕、索面等的生活用具,家里人从小被要求掌握农业生产技能和传统手工艺,长辈不仅要教孩子基本的生活生产技能,更要教给孩子做人的规矩和基本修养。过去是通过家庭、蒙馆,现在是通过学校教育、家庭教育来实现对孩子的教养,家庭教养是主要的社会化手段和塑造人格的第一场所。

社会保障和管理功能:

社会保障功能主要由家庭承担,家庭成员内部的生、养、病、婚、葬等基本上由家庭承担。村集体经济空白的现实决定了养老问题仍需各家各户自己解决,"养儿防老"仍是现阶段家庭保障的基础,计划生育政策对这种社会保障模式倾斜,夫妻第一胎是女孩的,允许生第二胎;而第一胎是男孩的,一般就不准生第二胎。近几年,政府加大了对农村医疗救助保障的投入,屿北村符合条件的村民只需每年交纳15元的大病保险费,就可以享受大病支出费用500元/次的20%—30%不等的报销额, 减轻了村民和家庭的负担,政府在保障民生方面承担着越来越多的社会责任。

封建社会中,宗族在村庄管理中起着最重要的作用,在公示、大事商议、帮工、人情往来、摊派劳力或钱款时都是以家庭为单位的,家庭是被管理的单元和个人与社会的联结点。"天高皇帝远"的屿北,交通不便,位置偏僻,统治阶级对这些偏远氏族村落的管理鞭长莫及,而借助于宗族组织和力量,就可以对村落实行比较有效的管理。因此,宗权在村落日常管理中有很高的地位,村落的社会公益事业,如架桥、铺路、建祠、修庙、挖渠、灌溉、垦荒、植树等都由宗族出面组织完成,宗权、政权合一是血缘村落千百年来维系稳定的基础。

村民自治组织——村委会是现行村庄管理的主体,宗权已基本退出村落管理,过去,多由宗族组织的传统仪式和岁令庆典,如今在屿北已很难见到。春节期间,也没见到有组织的民俗活动,尚书祠里祭祀高祖,远没有过去隆重、热闹,基本是各家各户分散所为,庙宇和其他房族祠堂均显得冷冷清清,人气不旺。看来缺少了宗族的干预和组织,屿北古村许多传统文化习俗有加速消失的趋势,这应该引起我们的关注。

(二) 村落社会和血缘地缘关系

1. 血缘关系

屿北村落和汪氏家族的血缘关系是沿着父系血缘这根主线,走出家庭向外延展。父系血缘关系可分为家庭——家门——房族——氏族等四个圈层,以此建立起屿北血缘社会的基本骨架。

(1) 家门近亲圈

一般三代左右是家庭的第一层亲密圈,可以将其称之为家门,即由同是一个祖父或曾祖父的后代,从二三代的家庭分裂出来的若干小家庭共同构成的亲戚群。

家门是家庭的扩大,所以在社会功能上是家庭功能的进一步扩展和延伸。家门人丁兴旺,事业发展,就会在村里享有较高的地位和威望,而家门亲戚间的凝聚力和归属感,则取决于家门核心人物或长辈的威望和能力,以及各小家庭之间的团结。在人情往来、经济互助和社会活动方面,互相帮助、互通有无是家门内天经地义的事情,做寿摸周、修葺房屋、经济互助、调解纠纷、红白喜事等大事时,家门圈亲戚是首先依赖的对象。

屿北汪氏遵循"同姓不婚"的原则,即同一父系血缘关系的亲戚原则上再远也不能通婚。这条原则只在家门近亲圈内得到较好的实施,圈内的男女亲戚可以很亲密,但不能有性和婚姻方面的想法,男女关系的底线不可逾越。家门中的孤寡单身或无子女的家庭,亲属们要出钱出力,照顾他们的生活,甚至过继自己的子女,承担养育照料和传宗接代的义务。

居住形态上，屿北古村的现存大部分宅院都始建于清代、民国或20世纪五六十年代，每一个宅院——"堂"基本上都是家门圈的亲戚同住。同一宅院的孩子总是很亲密地一起玩耍，到对方家里也像在自己家里一样随便，有乐同享，有菜同吃，基本延续着大家庭式的生活方式，交往频繁，情同手足，拉近了各小家庭之间的亲密感。而迁徙出去居住的圈内亲戚则不如同在宅院中各家庭成员那样随便亲切。

（2）房族远亲圈

父系血缘亲属还有由近及远的族房，基本上是上溯三代以上的族房，族房圈在村里均有明确归属的祠堂。屿北村按房族人数多少，形成以汪氏六房、四房为主的房族远亲圈，房内亲属之间来往要比家门亲戚少了许多，很多也就是点头之交。族房平常难得聚在一起，但遇到建房、修祠、老辈去世或婚嫁等多少是要送些礼金或捐款的，礼金厚薄相当于普通邻居，彼此见面仍要按辈份、用称谓招呼亲属。

联系族房亲属的重要媒介是分房宗祠，一般族房家庭都围绕着本房宗祠居住，形成以本房宗祠为中心的居住组团。屿北汪氏六房祠堂在村西，六房后裔主要居住在村西，四房宗祠在村东，四房后裔主要居住在村东，而新坵祠堂（已毁）在村北与新坵房族后裔居住地紧邻，周围没有其他房族的人居住。亲属关系的范围大小取决于房族的强盛与否、势力大小和族房的管理能力，并且从房族宗祠现状可见一斑。屿北古村原有房族宗祠七座，分别是六房、四房、月街头、大川、三房、五房和新坵祠堂，后两座祠堂现已毁，三房因人数少，和四弟感情深、关系好，干脆将两房祠堂合并成一个。目前保存完好的有六房祠堂，四房祠堂也刚刚翻建一新。房族亲属圈人多、经济实力强就容易募集建设维修费用，如2003年进行的六房祠堂维修就是靠族房亲戚捐资两万多元完成的。而月街头祠堂、大川祠堂却破败杂乱，看得出已年久失修，无人照管，新坵祠堂自20世纪40年代被国民党军队焚烧后一直未能重建。

■ 图4-9　新修葺的四房祠堂

（3）氏族圈

　　最远的血缘关系就是汪姓的氏族圈，村里姓汪的都是亲戚，能够根据名字和族谱分出长幼辈份。但超出房族外的亲属关系实际上是理不清的，连"同姓不通婚"的规矩也已不那么严格遵守了，变成超出房族范围即可开亲的事实，即理论上的汪氏亲属，包括本村、外村的，都可以在实际上变成外人而互为姻亲，夫妻俩都姓汪的家庭也占有一定比例。氏族圈虽不如上述三类亲属圈的关系来得密切，但彼此之间的人情和义务多少还是存在的，除夕夜等特定日子，汪姓村民都要祭祀汪氏总祠——尚书祠，县内其他汪姓支系也派代表参加祭祀，维系氏族亲戚关系的除了族谱，就是这尚书祠了。

　　关于汪氏氏族圈还有一段枫林镇包㛃陈氏与汪氏亲如一家、血浓于水的动人故事。原来，明朝初年，包㛃陈氏遭劫仅剩一孤儿，汪氏族人善心抱回孤儿，精心扶养。岂知天有不测风云，孤儿在汪家养育过程中突然患病夭折，这让汪家感到很愧疚，遂决定将自家儿子改姓为陈，以延续包岙陈家香火，并立下规矩，包岙陈姓与汪姓互不联姻。为感激汪氏族人的养育之恩，包岙陈家后裔在清雍正六年赠"汪陈友谊长存"贺词，贺词曰：

"雍正六年戊申，屿北汪氏前辈修竖大宗祠，是时包山即包岙陈氏合族备猪羊来贺。

闻乡里古老云，明初时，包山陈氏遭董氏之难，族几灭，惟存一孤。缘霞山姻亲携孤潜来吾地，先人以子侄育之，得免幸，孤族复兴。迄今伯仲相呼不联姻。（娅）戊申岁，竖修大宗时，盛设牲礼，并书一联云：奉主蒸蒸，尝陈氏之孝思不匮；存孤绵世，泽汪家之恩德难忘。是可以谓酬先人兴废继绝之义也。"

2. 婚姻与地缘关系

地缘关系是血缘关系的投影，父系血缘关系相对集中于本村，而母系血缘关系的嫁娶范围及相应的母舅等亲戚关系以近邻村和乡镇为主，且姻亲范围有扩大的趋势。血缘关系和地缘关系不完全重合，反映了农业社会中血缘家族的扩张过程。有限的生产力发展水平、有限的空间资源，使得一个血缘村落在经过数代人的开拓利用后，必然从内向的精耕细作向外面的区域扩展或外出谋生。屿北汪氏不断向周围地域分裂，形成地域上亲属关系的由近及远的波纹结构。屿北村周围的岩坦、闪坑、岩门村和黄南、张溪等地有一定数量的汪氏族人居住，呈现出血缘关系在空间上的不断扩张和分裂。据有关资料统计，永嘉全境共有姓氏134个，按姓氏人口数量多少排列，汪氏排在第20位，主要分布于楠溪江中上游地区。

汪氏家族的地域扩张多是通过婚姻关系实现的，如花坦乡霞山村汪氏是屿北汪氏族人分支中的最大一支，子孙已繁衍至3000人之众。

其中最值得一提的就是汪戴联姻。戴氏主要聚居于屿北村下游约3公里的溪口及整个楠溪江中上游地区，溪口戴氏和屿北汪氏属同一地域文化圈，具有大致相似的文化背景和生活习俗。溪口戴氏是楠溪江的名门望族和耕读世家，戴氏一门四代出了戴述、戴迅、戴栩、戴蒙、戴溪、戴侗六进士，戴氏大宗祠有一幅楹联写道"入程朱门,迭奏埙箎,理学渊源接双绪;历南北宋,并称邹鲁,春宫第甲六登墀",说的就是戴家的这份荣耀。汪应辰之子汪逵的女儿嫁溪口进士戴蒙为妻,可谓是"门当户对",而戴蒙的祖父戴溪曾任太子讲读,官至宋工部尚书,后辞官在溪口创办永嘉最早的"东山书院",专心致志教书育人。以后汪逵之子汪季和无嗣,钦赐戴蒙第五子戴俶为其过继传宗,戴蒙、戴侗都是宋代著名的理学家,著作宏富,史籍有传。汪戴联姻,耕读传家,成就了"溪山邹鲁"的美名,汪戴两家亲如一家的联姻传统绵延至今。

当今屿北村民的基本通婚圈在总体上仍是一种历史的延续,虽然许多实质性内容已有所改变。将1949年以前和20世纪60年代末以后出生的汪姓男子娶妻的地域范围和姓氏作比较,显示屿北的姻亲关系沿着历史发展的惯性在不断扩展,呈现地域范围不断扩大的趋势。1949年以前出生的汪姓男子娶赘外姓氏女子共113人,包括戴、周、李、潘、郑等十九个姓氏,其中戴姓最多,有41位,占全部娶赘女的36%。娶赘女子较多的有周、李、潘、郑、陈、金、毛等姓氏,其中周、李、潘、陈、金是永嘉县排名前12的大姓氏,113人中来自县境外的几乎没有。20世纪60年代末以后出生的汪姓男子娶赘外姓氏女子共115人,包括戴、李、陈、张、潘、郑、徐、金等32个姓氏,地域范围扩展到县外和湖南、安徽等外省,甚至还有土家族女子,反映出改革开放后,越来越多的屿北人外出经商务工,血缘范围沿着外出足迹进一步扩散和屿北村与外部的经济社会联系不断加强的特征。娶赘姓氏的分散也是显而易见的,32个姓氏中,戴氏28人,仍占24%。娶赘5人以上的还有李、周、金、陈、张、潘、郑等姓氏。汪戴两姓联姻的历史渊源深厚,有着割舍不断的亲情。

屿北村娶赘女子集中分布在屿北村周围的岩坦、闪坑、岩门等村,及张溪、溪口、黄南、潘坑等距屿北20公里以内的邻近乡镇,远一些则来自于楠溪江中上游流域的其他乡镇,娶赘人数随空间距离由近及远递减。楠溪江流域200多处单姓血缘古村落中,知名的大姓氏有陈、朱、谢、徐、叶、汪、戴、郑、金、潘、李、周等,这些家族在楠溪江都至少历经了500年的发展,是耕读文化的主要代表。无论从历史还是现状看,屿北娶赘人数较多的姓氏大都是来自于这些古村落的大姓，复杂的家族发展、交错的血缘关系将楠溪江中上游的古村落交织在一起，形成地缘共同体和相互牵动的庞大宗族网。

（三）村落社会与行政关系

永嘉县境最早被纳入中央行政体系，可追溯到西汉惠帝三年（公元前192年）立驺摇为东海王，都东瓯，即现在的瓯北一带。隋文帝开皇九年（589年）改永宁县为永嘉县。但从封建社会到民国，对屿北这类偏僻山村，统治者名义上有行政管辖，实际上，乡以下各居民点都以地方自治为主，血缘村落的宗族治村成为最有效的管理手段，这种管理体制有利于进一步稳固和强化宗族在村庄的权威以及对村庄的治理。民国时期，屿北属岩坦乡第四保，保甲长制无非也是由汪氏族人推举出的有能力、信得过的人担当，政府对基层村庄基本上是无为而治的状态。

新中国成立以后，行政体系越来越有力地渗入到屿北村中，原属屿北汪氏的山林面积有所减少，财富缩水。行政体制还不断冲击甚至取代传统的社会关系，成为屿北社会关系中极其重要的一部分，新的生产关系和行政体制焕发了人民群众的热情，大大推动了社会向前发展。从20世纪50年代的互助社、初级社、高级社到人民公社，到后来实行"三级所有，队为基础"，以后的名称几经变动，但一直奉行公社、大队、小队的三级体制。强有力的行政介入把村民组织起来，"大跃进"时期，集体一度包揽了村民生产生活的各个方面，传统的血缘关系和地缘关系被打破，有饭大家吃，有活大家干，有难大家担。这一时期的血缘关系缩小到家的范围，传统的血缘互助、社会保障、管理控制功能减少到了最低程度，血缘或地缘社会全由行政控制，行政关系取代了血缘、地缘关系，成为主要的社会关系：生产任务由上级层层下达，村民只能按上级指令从事农业生产而不能从事其他商品生产；个人劳动报酬以"工分"形式与集体核算；农产品的买卖按国家统一牌价通过供销社等渠道进行；参军、招工、提干、上大学、迁徙，甚至结婚、生子、领邮包等都需要开证明，盖公章，离开了行政系统的指令和协助，村民会寸步难行。

1984年实行的乡镇、村、村民小组的行政层级体系，一直沿用至今。现在实行的土地承包三十年不变，既符合生产力低下、合作要求不高的现状，也回归到千百年来家庭经营的传统，使按劳分配的原则得以彻底贯彻。同时也采用一些灵活多样的措施，适应家庭人口变化的情况。村里规定，承包的土地每五年根据家庭人口变化进行调整。实行土地承包制以后，极大地调动了村民的生产积极性，家庭经济职能的恢复，使传统的血缘关系重现生机，劳力互助基础上的家门或房族血缘关系逐步复原，成了乡土社会的重要社会关系之一，但已不能和过去同日可语。

三、屿北的民风民俗

屿北村重伦理、尚礼仪的民风民俗特征，体现的是传统儒家文化内涵，对祖先的崇拜、对老幼的爱护和家庭的和睦相处成为家庭生活的基本准则。

（一）人生礼仪

所谓人生礼仪就是指一个人在通过漫长人生的各个重要阶段时，家庭和社会为之设立的各种仪式。传统中国社会对人生过程的划分都注重诞生、成年、结婚、死亡这四个主要阶段。

屿北人生礼仪的特点是：崇德重礼的儒家文化、色彩浓厚的宗教文化、开放融合的民俗心态。

1. 婚俗婚仪

屿北人的婚姻包括娶进外姓女子与本姓女子外嫁两个方面，由于涉及本族血统是否纯正和其他姓氏人员是否借故渗入和取代日后的财产分割与纠纷等诸多大问题，作为名门望族的汪氏家族不得不予以高度重视。传统汉族的婚俗礼仪在楠溪江地区经过改造，变得更加适应民间的实际需要，并且在长期的发展演变过程中，逐步融入了本地区的民俗内涵，从而使屿北的婚俗带有鲜明的地方特色。古时的婚俗礼俗有一套完整繁复的礼仪，主要分订婚、结婚和回门等三个阶段。

订婚习俗又有议婚、订婚两个内容，所谓"父母之命，媒妁之言"，青年男女很少有自己做主、自由恋爱的。在孩童时代，由媒人向男女双方父母介绍情况或由男方父母委托媒人和亲朋好友、邻里前往中意的女方家中传达结亲的意愿，俗称"提亲"。如女方认可，男女双方多要选定吉日、场合见面，即"相亲"，主要考察双方的家境和男女方的相貌，借以断定联姻与否。一般来说不能接受对方除请茶以外的任何款待，否则就被认为是表示同意。很多男女双方根据对方的基本信息如出生年月等去算命、求签、拜佛，如果双方都觉得满意，就议定聘金多少和嫁妆厚薄，择日进行"大定"、"小定"。聘金和嫁妆根据家庭经济状况而定，一般是聘金越多，嫁妆也越多。较富有的家庭有多至二十几车（船）为女方送聘礼的，女方所办的嫁妆大多是房内的基本生活物品，家庭条件较差的仅置办一两个箱橱嫁妆而已。"订婚"是浙南地区非常隆重的婚俗礼仪，分"小定"和"大定"。议聘完成后即行"小定"，男方的聘礼一般是金戒指一对，衣料若干，及肉、鱼鲞、糖糕等物品。鱼谐音"余"，鲞谐音"响"，糕谐音"高"，寓意年年有余，行事有响头，前程步步高。而女方回送的礼品包括景德镇瓷碗一筒十只，红枣、花生、桂圆、荔枝等水果。碗在温州方言中谐音有"稳"的意思，也含有百年好合之意；花生必须用生的，寓意要有生育能力。"小定"以后请"六局工匠"即方木、圆木、裁缝、铜匠、锡匠、漆工在家加工制作嫁妆，方木类器物包括衣橱、箱、桌、柜、梳妆台、琴凳、大小茶盘等，圆木类器物有花鼓桶、脚盂、汤兜、尿盆、水筒、饭斗（桶）及各种量器斗、升、桶等，锡铜器物有锡烛台、锡酒壶、铜火盘、锡瓶等，此外，还要准备床、八仙桌、果盘、椅子等。通常要在正式结婚前一两年时间内举行定亲仪式即"大定"，并选定婚娶之日正式通知女方，叫"报日"。定亲这天，男方要将聘金、婚书和彩礼送往女家，通常由女方舅舅主持订婚仪式并决定婚娶的大事。

婚礼是婚姻习俗的主体部分，内容繁多而复杂。婚期当日，男方备花轿一顶，迎亲礼仪队，讲究一些的备有彩旗、灯笼、龙凤喜烛和搬运嫁妆的帮工,备好给做嫁妆的"六局工匠"的"利市钱"。花轿出发鼓乐爆竹齐鸣,轿到女方家宅前则内外都鸣鞭炮,亦有鼓乐队出来迎接奏乐,这时女方母女要号啕大哭,口中念念有词,说的都是留恋父母、劝慰女儿和诉说怨苦的内容。小息后,便吃"结丸"。午宴后,男方的婚事负责人和女方父母议定午餐酒食钱和"六局银"后,帮工装好嫁妆,由女方父母择定时辰,新人拜别父母兄长,由利市婆娘引牵新人出庭。至花轿边,由新人兄长抱拥新人上轿。于是,鼓乐齐鸣,爆竹三响,为女方送行的众人一起推出花轿,父母迅速将大门关闭,俗传以免好风水被女儿带走。这时原本为退凶星而假哭的母亲,到了女儿真的远走、大门紧闭的一刹那,流下的却是真诚的热泪。女儿走后哭诉道:"母亲啊,娘啊,三个火炮打后,连道坦角也无份哪。娘啊,您两老白发苍苍,叫谁奉侍您那娘啊!"新娘花轿到了男方村口外,轿夫停下花轿,等待内当家给他们彩钱后,才再次抬上花轿进村。停在道坦中,请出男孩女孩各一人,进轿向新人行礼。再由利市婆娘牵引新人,两利市公公传递草席(席用红布袋包套,称为传席)给新人踏席进入洞房,新郎新娘行对拜礼后,双双并肩坐在床上,小息毕后,两人入洞房,交杯饮酒。这时洞房花烛辉映,欢声笑语。两伴娘牵手捧护灯台,灯光红映娇姿,令人倍加神驰。洞房交杯完毕后,伴娘和利市婆娘引新人出洞房,在厅堂和新郎行见面礼,两伴娘定位迎新人入席,然后开筵。众宾朋入座畅饮,闹筵喝喜酒。席酒之后便是闹洞房,民间有"新娘入门三日无大小"之说,认为闹洞房不仅增加新婚喜庆气氛,还能驱邪避恶,保佑新郎、新娘婚后生活兴旺发达,同时也可使新娘尽快熟悉男方亲友和新的环境,闹洞房常常要闹到"东方发白而后已"。翌日,新人迎接各方来宾,这时琴箫鼓乐之沸腾,亲朋好友之喝彩,无异于昨宵。

完婚之后,新娘须择日回娘家省亲,称"回门"。女方家长要给女婿见面钱和礼品,通常还要准备装有枣、糕点之类的红包送给婿家的五服内的房族。

现代婚俗趋于简朴,保留了订婚、结婚等婚俗习惯,过去有寓意的食品等互送礼物也基本上为"红包"所替代,婚宴也移到饭店进行，新人洞房则设在现代化的宾馆客房内，婚俗礼仪从繁复到简朴，映射出经济社会发展对屿北古村民风民俗的巨大影响。

2. 寿庆

楠溪江流域是浙江省长寿老人最集中的区域，距屿北村不到十公里的张溪乡张溪村的陈爱香老人已经112岁了，是全省最长寿的老人。古人曰"万事孝为先"，尊老爱幼是中国人的传统美德，在楠溪江流域各个村都十分重视和关爱老人与儿童。传统民俗中对人的诞生之日非常重视，常常将人的一生划分为许多年龄时段，举行各式各样的庆贺活动。在屿北主要寿诞庆贺活动集中在孩子做周岁和老人60岁以后的每一个十年递增纪念上，做寿既是对祖先的感谢，也是对寿者的祝福。其中做周岁是家长为孩子做的首次生日，隆重而热烈；子孙晚辈为家中老人庆贺60岁及以后的每十年生日，则表达了对老人的祝福和关爱。

为孩子庆贺周岁在楠溪江叫"麻（摸）周"，"麻"是八仙之一麻姑的发音，在八仙的传说中，王母蟠桃会所饮的长生酒是麻姑从西池敬献出来的，意寓为小孩做周岁，麻姑也献出了长生酒，大家同饮，共同长寿。孩子做周岁，外婆要准备好寿桃八盒、四样和衣物等礼品，择定黄道吉日送往孩子家。孩子家在生日须设宴开筵，远亲近邻，同贺同庆。制作"岁圈"赠送以示祝贺，岁圈就是用银打成的项圈或脚镯、手镯、银锁等器物，送银器是因为银被认为是贵重物品，恶鬼邪神不敢近，有驱凶避邪的意思。当父母抱孩子端坐于前堂，就请一位德高望重的乡贤，手提岁圈，戴上孩子的头颈，口中念道："一戴富贵双全。"遂又将岁圈抬起再戴于孩子的头颈，又念道："二戴彭祖高寿八百岁。"这样戴上提起连续十下，口中继续念道："三戴子孙满堂，四戴金榜提名，五戴五子登科，六戴六国封丞相，七戴七兄八妹，八戴八仙来庆贺，九戴香山九老共吟诗，十戴十全十美。"通常所说的"摸周"是一项测试孩子志向和心性的仪式，在孩子面前陈列各种玩具和生活用品，如文房四宝、算盘升斗、琴棋书画、秤尺刀剪等，随孩子任意抓取，然后从孩子所抓取物品来预测、判断其将来的志向和前途，当然这不能当真，主要还是调节贺庆气氛，使大家开心。

一般男性老人59岁,女性老人60岁开始做寿,称"男做九,女做十"。每年春节前后,有老人恰逢寿期,家家户户宾客盈门,专程前来看望老人,携金字红烛、红印寿桃、寿酒、寿面等礼物为老人祝寿。届时,做寿人家要向全村每户人家分送面制寿桃一个,以表明自己寿添一甲。条件好、有名望的家庭还往往请官员或有地位、有声望的族人、文人写寿匾和贺寿词,儿孙或亲友则大多置办绸缎锦帐的寿屏,上书老人的生平简历和褒扬词,请书法

■ 图4-10 贺寿词

家用金粉写在锦帐上,悬挂于堂屋内。残存的"耆年硕德"、"寿考作人"两块寿匾,分别取自《晋书·苻生载记》中的"耆年硕德、德侔尚父"和《诗经·棫朴》中的"周王寿考,遐不作人",褒扬了老人的德高望重、培育人才的操守和行为。

随着村民户数和人口的增加,寿庆贺礼已成为家庭的沉重负担。按一般的标准,要送村里每户一个寿桃、一个不锈钢面盆或毛巾、肥皂等,花费往往达上万元。在村委会和村民的倡议下,寿庆仪式也已简化朴实,由做寿家庭自愿出资,捐献给村老年协会,村里集中张榜公布褒扬并贺寿。

3. 丧葬

所谓丧葬是指父母亡故,如何居丧守孝,如何依礼归葬,土葬

是古时最主要的丧葬形式。儒家宣扬的"生,事之以礼;死,葬之以礼,祭之以礼"的思想观念深入人心,并影响着丧葬礼俗的方方面面,群众对丧葬非常在乎,把丧葬视为人生的重大礼仪,在治丧、下葬、服丧等方面有着一整套民间礼仪,是有深厚文化内涵的民俗现象,屿北和温州地区其他村庄一样,流行厚葬之风。

养老送终自古以来就是晚辈对长辈义不容辞的责任,长辈临终时,晚辈须日夜守候。人死后要沐身,穿寿衣,寿衣只能穿单数的五、七或九件。入殓就是将尸身放入棺材,钉上棺盖。入殓时晚辈跪地祈拜、哀哭动地,入殓完成后停柩于厅堂以候发丧,设置灵位供众亲友前来祭奠。出殡是整个丧事过程最隆重的仪式,出殡日期由阴阳风水师择定时日,预告亲友。请鼓乐队和僧人吹拉弹唱,诵经礼忏,花炮喧响,大做法事。

服丧戴孝的制度在古代有明文规定,《仪礼·丧服》中曰:"斩衰、齐衰、大功、小功、缌麻,谓之五服。"五服即五种丧服,根据亲疏关系的不同,分别穿不同的丧服。所谓"斩衰"即用粗麻布制成左右和下边不缝的丧服,子、未嫁女对父母,媳对公婆,重孙对祖父母,妻对夫等都要着"斩衰"。另外兄弟服"小功",服期五个月;堂兄弟、未嫁堂姊妹、堂侄孙等服"大功",服期九个月。只因岁月流逝,风俗亦有很多改变,但还是能够看出古代守丧戴孝制度的印记,如孝子孝媳和未嫁之女一般都披麻戴孝,而亲朋都穿白色丧服,与缌麻大同小异。

民间历来有生前筑寿坟或死时临时选穴筑坟的习俗,一般的坟址由阴阳风水师根据"阴宅"选址的原理选定。以棺木为中心,周围垒以大石形成桌椅式的坟,俗称"椅子坟"。传说有稳当、牢靠、舒适的象征意义,民间有让死者住得满意、安适,才能保佑子孙代代平安、兴旺发财的说法。也有一种说法是椅子坟酷似古时的太师椅,有保佑子孙升官发财、官运亨通的意思。这种"椅子坟"前方后圆,上小下大,依山而筑。墓穴为一隆起的圆丘形墓面,同时,在墓背用石块或水泥砌成驳坎,中间高,两旁向下延伸成半圆形,在驳坎的尽头有一对方形靠墩,好像椅子的靠手;在墓室前是一块供家人祭祀的方形平地;墓碑一般放在正后方驳坎的正中间,上写死者姓名、生卒日及妻(夫)、子孙、媳婿等名字,以志不忘。

(二)文化风俗

1. 迎灯

始于明朝的迎灯娱乐盛行于永嘉各地民间。明永乐五年,京畿大举迎灯活动,永乐皇帝带侍臣永嘉人黄淮等一同去看花灯,一到城内,见灯光如昼,心中非常高兴。回宫后便出一联给随臣对,联曰"月明灯明大明一统",其他臣子无人应对,黄淮应对道:"君乐臣乐永乐万年。"于是皇帝龙颜大悦,连连称赞道:"妙对,妙对!"遂许黄淮于家乡举办灯会,永嘉各地举办灯会遂成民间习俗。

岭北灯节在每年的农历二月廿一,村民每人备花灯一盏,每户备灯架一个,全户所有花灯悉数安装在灯架上,另外每户还增添花灯一盏。夜幕降临,全村的彩灯汇集于尚书祠前广场,排列成行。火炮三鸣,开锣、发号、奏乐,迎灯仪式开始,按汪氏大宗、小宗、辈份或家庭的顺序,大宗彩灯为先导,出敕门巡游,经上坳转回新坑、周宅,过马家埠、上茶亭,去宫前,下行过大坑桥,往岭山北殿前进发,沿路灯光倒影川流,上下交辉。鼓乐齐鸣声震九霄,流光溢彩映月宫。不觉已是三更半夜,三条桥旁,道士站于高崖吟唱灯诗向苍穹祷祝:"保佑全村人人平安,田畴五谷丰登,猪牛六畜兴旺,百姓财源广进⋯⋯"

2. 舞龙

龙是古代传说中的一种善变化且能呼风唤雨的神奇动物,《礼记·礼运篇》载:"麟、凤、龟、龙谓之四灵。"封建社会常以龙比喻皇帝。农村舞龙活动和皇帝并不见得有太多的关系,主要是一年辛勤劳动后的身心放松,自得其乐,欢聚热闹,盼望来年风调雨顺、五谷丰收,祝天下太平、人民幸福。岭北的龙分为布帐龙和鱼灯龙两种,舞龙队员俗称"龙脚",有灵活多样的舞法和阵势,长蛇阵、短蛇阵、梅花阵等队形套路繁多,舞龙间隙,还吟唱龙诗。自每年元宵时分,岭北舞龙队由各大宅组成,和外村舞龙队轮番到各

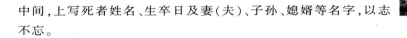

家大院演舞。从傍晚到五更，呐喊声、喝彩声、锣鼓声响震天地；星光、月光、灯光交相辉映，彩彻云衢，直到天明。

3. 舞雩

原是古代鲁国求雨的一种祭祀，东汉王充《论衡·明雩》中说："鲁大雩，旱求雨之祭也。久旱不雨，祷祭求福……"每逢久晴干旱，作物枯槁，稻禾干焦，村民抬着庙宇内的神像到屿北村东南的尖坑底山龙潭集聚，向苍天周氏龙母求雨。人们在烈日里不撑伞，不戴箬笠，光头跪地求拜龙神。在山谷溪流中捉些虾蟹小鱼放在"龙瓶"中，吹打迎归，高坛舞雩，号角震谷，金鼓喧天。其中的一种形式舞雩，是村民组织队伍求雨的一种仪式，摆设祭坛，备好香案，摇起铜铃，所有人都在祭坛中团团围绕，步行如舞蹈，作天上乌云团聚、大雨将倾之势。求到某一天下雨解除旱情后，"龙神"完成使命，村民还要将龙神送回龙潭，要演戏酬神。

4. 戏剧与鼓词

农村文娱数戏剧最为上乘高档，村民对昆剧、瓯剧、鼓词也最为偏爱。屿北村主要的公共建筑如尚书祠、屿北宫都曾建有戏台，每年戏班子到楠溪江上几个村定期巡演"额子戏"，屿北村则只在特殊庆典节日请戏班子演出，一般一年一到二次，费用由各房族轮流或邀请家庭承担。清朝，由汪兴炉、戴瑞凤掌班的"向阳春"戏班是屿北自己的戏班。1954年曾创办"屿北瓯剧团"，经常在村里和其他地区演出，所演《贩马记》剧目曾红极一时，远近戏迷青睐有加。昆剧、瓯剧是在舞台上演出的正剧，演员、乐队等全班人马齐备，村里人都把演戏看做是一项十分隆重热烈的活动，小孩早早地扛着凳子去祠堂占据一个好位子。

鼓词是温州地区颇有文化品位的民间文艺，一个人唱、念、表、述，功底相当深厚。优秀的鼓词艺人声音洪亮，唱腔优美，说白清晰，快慢有节，声情并茂，把词中的人物唱得个个栩栩如生，加上琴鼓敲奏得体，非常富有艺术感染力，很受广大村民的欢迎。鼓词既可以演《西厢记》、《孟丽君》、《南游大传》、《三门街》、《九龙剑》、《陈十四》等正剧，也可以根据主人需要，临时编辑鼓词演唱，形式灵活多样。屿北一带的村民为向神灵祈求降福消灾解厄，而告许"词愿"之风极为普遍。酬答神佛的鼓词称"还愿词",请鼓词艺人演唱"还愿词"时,要设坛摆牲礼、糕点、糖果等,十分正式隆重。

5. 摆看

摆看是楠溪江中上游具有悠久历史的民间娱乐项目,屿北的摆看在每年的元宵节举行,全村老少齐聚尚书祠,大厅中悬挂祖宗遗像和名人字画,陈设鼓盆三侍、锡打鹿台、鹤台、摆全猪、全羊等牲礼,展示历代文物、祖传古董等物品。祠内张灯结彩,肃穆庄严,有思古祭祖的意味。全部活动要举行三天,然后,收起珍贵物品入库典藏。

本章参考资料

[1] 周銮书主编:《千古一村——流坑历史文化的考察》,江西人民出版社,2000年

[2] 朱晓文:《灵山秀水隐前童》,河北教育出版社,2003年

[3] 李秋香主编、陈志华撰文:《庙宇》,生活·读书·新知三联书店,2006年

[4] 汤纲、朱元寅:《二十五史新编明史》,上海古籍出版社,1997年

[5] 胡兆量、阿尔斯朗、琼达等编著:《中国文化地理概述》,北京大学出版社,2006年第2版

[6] 周亚菲:《中国状元录》,上海文化出版社,1996年

[7] 俞光:《温州古代经济史料汇编》,上海社会科学院出版社,2005年

[8] 楼庆西:《中国古建筑二十讲》,生活·读书·新知三联书店,2001年

[9] 赵英丽、韩光辉:《楠溪江流域宗族与学术高峰》,《中国历史地理论丛》第21卷第1辑,2006年6月

[10] 汪循:《唐将军庙碑记》,《弘志温州府志》卷一九

[11] 朱良暹:《永嘉楠溪汪氏族谱序》

［12］劳大舆：《瓯江逸志》

［13］赵尔巽：《清史稿》卷一三八《兵九·海防》

［14］张小林：《乡村空间系统及其演变研究（以苏南为例）》，南京师范大学出版社，1999年

［15］徐平：《文化的适应和变迁——四川羌村调查》，上海人民出版社，2006年

［16］王力主编：《中国古代文化常识》，江苏教育出版社，2005年

［17］叶大兵：《温州民俗大全》，新疆人民出版社，1998年

［18］温州市道教协会编：《温州道教通览》，天马图书有限公司，1999年

［19］温州市政协文史资料委员会编：《温瑞塘河文化史料专辑》，2005年12月

［20］胡念望：《浅析温州民间神祇信仰》，《温州论坛》，2003年第5期

第五章　千堂万户　一屿为郭

——屿北的布局与建筑

一、概　述

　　乡土建筑映照出的是乡民的文化素质与生活方式,永嘉自古人杰地灵,浸染于这样的自然与人文环境中,楠溪江古村落自然有着别于他处的精彩,虽处穷乡僻壤,交通闭塞,出不了高官富商,也没有豪宅大院,但古村的角角落落却无不显示着农耕社会的自然亲和力,从规划布局、建筑风貌、楹联碑匾到村名、街名都传递着传统文化的丝丝信息。作为楠溪江这个大文化圈中的成员,每个古村落既呈现出某些共性特征,同时又因各自具体情况不同而有其他村落没有的独特之处。

　　概括起来楠溪江古村落具有建村历史悠久、规划严谨和谐、建筑类型丰富、建筑风格朴素、环境意识强、宗族文化突出等普遍特征,屿北亦然。楠溪江宋、明、清时期村落比比皆是,而屿北村历史更为长久,建村始于唐代,先为徐氏聚居,后汪氏于南宋迁居至此,落族繁衍,日益繁荣,迄今已逾800余年。楠溪江古村落都井然有序,各类建筑错落有致,而屿北村总体规划不仅严谨,且规划思想颇具特色,整个村落以"出淤泥而不染"为规划理念,拟莲花而设计,构成封闭的社会单元。楠溪江古村落中既有私密的家庭生活空间,又有公共信仰和文化活动空间,民居、宗祠、亭台建筑一应俱全，而屿北村除古宅、寨墙、街巷外，还有尚书祠、汪应辰墓、石拱桥、屿北抗日起义纪念亭、水碓作坊等众多建筑遗迹。楠溪江古村落都以一个宗族聚居而成为一个相对封闭的社会单元，每个宗族各有其自身严格的宗法制度，屿北村汪氏一族行耕读之风，其族规"耕以致富，读以荣身"即是永嘉耕读文化的最好注解，亦是楠溪"溪山邹鲁"美誉之由来。

　　除上述共性特征外，屿北在耕读文化方面堪称典范。耕读传家是浙江民间素有的风尚，而在楠溪江流域积淀更为深厚，几成自觉。村民农耕以求生活温饱，读书以为精神追求，亦耕亦读，几百年恒常如一，在这样的人文大背景下，各村落都不可避免在空间营造中受到耕读文化的指引，力求寓教意识化与礼制于温婉山水中，而族中文人出仕或致隐又在其中推波助澜，最终使整个村落从大的布局到小的建筑单体、门窗细部等都可能成为耕读文化的有力表达，岩头乡村园林、花坦牌坊等莫不如此。与此相同，恬静自然的耕读生活正是影响屿北乡土建筑风格至巨的重要因素。南宋绍兴五年（1135年），年方18的汪应辰高中状元，宋高宗惊其才，曾特赐御书《中庸》。然而少年得志却不等于仕途的坦荡，刚正不阿的性格注定他在封建官场的失意，当他从江西老家迁至屿北时，不知是否曾预见自己人生的不幸将成为后来楠溪江千百年的大幸。毫无疑问，正是这位状元郎带来了崇文重

■ 图5-1　屿北远眺

教的风气，于是乎楠溪两岸耕读传家，人才辈出，惠风所及，几遍浙南。作为汪氏聚居之地，屿北耕读文化要比楠溪江其他村落有着更直接的传承与表达，在汪氏《族规》的训诫下，始祖后裔传递三十多世，都以耕读相承，蔚为习俗，"学而优则仕"等儒家思想在屿北村落营建中留下诸多印记，村落布局、建筑类型、民居名称、匾额楹联无不体现着耕读文化对这座千年古村的深刻影响。在青山绿水和如丝带般的溪流河汉间，居屋和谐悠然地静卧其中，看似漫不经心的散落，却有着中国几千年最具魅力的传统文化表达，徜徉其间，屋后郁郁葱葱的山林，门前几亩平畴的水田，对面略显黛色的一抹远山，村落水口的潺潺溪流，感觉到的是几分恬淡，几分优雅。

二、"莲花出水"的村落形胜

屿北地处楠溪江上游河谷平原，沿楠溪江溯流而上，一路青山碧水，至岩坦上行2公里便是西郭屿山，山之北便是屿北古村所

■ 图5-2 屿北古村

在，其名亦因此而得。这里三面为括苍山余脉环绕，西侧开敞面对岩坦溪，中间为楠溪江上游泥土堆积而成的平旷地带，屿北村就座落其上。作为一个宗族的聚居地，屿北的存在、形成及变迁都投射出深刻的文化内涵，无不体现着汪氏族人依附自然，把握自然的营造思想和对人居环境强烈的理想愿望，使村落选址和建筑营造达到与自然"天人合一"的环境效果。

1. 村落选址

选址直接关系到村落的农业生产和日常生活，主要涉及对水、地、山等自然要素的考量，基本原则是趋利避害。首先要保证有足够的可耕地，这在传统农业社会里尤为重要，土地多寡不仅影响人们的贫富，更直接关乎整个宗族的兴衰。因此，土层肥沃、水源丰沛、交通便利的河谷冲积平原或山间盆地就成为乡民争先聚集的理想家园。楠溪江两岸有许多冲积盆地，是始祖先民建村的首选。屿北就是一个典型的河谷冲积平原聚落，河谷平原提供了村民生存需要的土地，村落位于中央偏东地势较高的位置，外围即为大片农田环绕，而周围环绕的山坡上也种植着大片经济林木。据记载，自汪氏迁入后，其族人经过勤恳劳作，陆续开垦良田600余亩，所产粮食维系着整个宗族的食物供应。

选址第二要考虑水的问题，既要防避水害，又能保证生活用水。楠溪江流域属中亚热带季风气候区，雨量充沛，易发生破坏力极强的洪涝灾害。据史料记载楠溪江中游的豫章、西岙两村都曾

■ 图5-3　后坑溪

在清康熙年间遭到洪水的破坏，损失惨重，甚至"片瓦不留"。因此，防避水害一直是楠溪江流域古村落选址重点考虑的问题，鉴于此，地势较高的地方一直是建村的首选，河流的沉积岸一侧可以避开河水的冲刷，也是村落选址必须注意的。屿北所在山谷小盆地，土质疏松，地势低洼，极易受洪涝之灾，去村西一里之外即为楠溪江，夏季水涨，危害极大。因此，整个村庄建在盆地东北最高处，比四周农田高出约一米左右，这不仅获得了较高的地势，也可远远避

■ 图5-4　屿北俯瞰

开楠溪江洪水威胁。更重要的是源于尖坑底山的独坑、后坑两股溪水汇聚在这里，环绕村庄左右，经过历代整治清淤，清浅的溪流已没有了水害的威胁，却成为村民日常生活的水源。

　　安全是村落选址要考虑的第三个问题。楠溪江许多村落的始祖多为避难而来，他们饱经离乱、千里颠沛来到这里，只为寻求一方净土遁世深隐，楠溪江流域有雁荡山和括苍山为屏障，南面以瓯江为天然界线，相较外部世界来说形成较为安全的"口袋形"地貌格局，乾隆《永嘉县志·疆域》引《浙江通志》说："楠溪太平险要，扼绝江，绕郡城，东与海会，斗山错立，寇不能入。"环境的封闭是先民始祖选择楠溪江定居的根本理由。虽避免了来自外部的侵扰，但楠溪江流域内部也非太平之地，盗匪的劫掠、聚落间的纷争仍时有发生，《汪氏宗谱·屿北功臣六人记》记载："壬戌岁，长发扰温两溪一带，地方群盗蜂起，而深谷坑为尤甚。一有不慎，即遭焚掠。"因此，保证村落小环境的安全仍是不可小觑的问题。屿北古村地处偏僻，地势险要。村之外围，峰峦四叠，尚山、昔山、屿山、金山和阳山成为古村的天然城郭，村西虽相对开阔，但楠溪江激流汹涌，也不失为一道自然屏障，进出村落只能通过西南向的陡峭曲折山道，而山道

■ 图5-5　两山夹峙

边耸立的屿山还起着哨岗的作用,站在山上,岩坦、东岙一带的情况尽收眼底,自然天成的闭塞环境,屿北易守难攻。

选址第四要考虑山水环境的优美。良好的山水环境不仅有利于生产和人们日常生活,同时也可满足宗族文人寄情山水的需要。开发楠溪江的先民全都把村落建在风景优美之处,"爱其山水之胜,遂家焉"便是他们的全部理由。屿北山水形胜,美景良多:村之左右双溪环绕,涓涓流淌如同官带,谓之"二川环带";村西上下两个水潭清可见底,明月夜,清潭水和皎洁月相互映衬,对映成三月,谓之"双潭映月";村之西南,天置屿山,山中百草丰茂,古木参天,仿佛天然城郭;村之东北,一泓清澈,两山相夹,中成幽谷,一峰拔地而起,状如莲花直上云霄等等。遥想当年汪应辰辞官归隐永嘉,应该是中意于这里灵秀

■ 图5-6 楠溪江景色

的山水吧,否则怎会有"青山重叠如屏障,绿水环绕似城池,素无兵燹扰至境,民康物阜安乐庄"的诗句呢? 相信这并非是夸大其词, 因为同时期的学者戴蒙对楠溪江上游地区亦有"家住楠溪欲尽头,茂林修竹几清幽。菰蒲涨绿蛙专夜,榆叶吹寒麦半秋。修禊从教非节物,舞雩元自有风流。明朝酒醒春犹在,更向长潭上小舟"的景色描述。

选址最后还要考虑风水的问题。在靠天吃饭的年代,风水是自然力崇拜的产物,它与宗族的兴衰繁衍密切相关,因此,楠溪江各村落在选址时还要依附风水之说,以期营造一个在物质与心理上都能获得满足的生活空间。屿北古村四周依次为阳山、昔山、

屿山、金山、尚山等环绕,山不高却异常秀丽,更重要的是这些山峰的分布与形态满足"易经"阴阳五行相生相克的要求。五行学说认为东方属木,故村东有金山,山上林木茂盛郁郁葱葱;南方属火,村南屿山和金山相对而立,犹如"火"字两点,山间有路交叉合成"火"字;西方属金,故村之西面有尚山高耸;北方属水,后坑、独坑二溪从村北阳山、昔山逶迤而来,是村落水之源泉;中方属土,村落居其上。五行相互消长,阴阳相互平衡,如此心理就不会有阴阳失和的不安。除周围群山符合五行学说外,屿北村左右的独坑、后坑两条溪水也符合传统风水要求,它们蜿蜒曲折环抱古村,仿佛"官带水",而"门前若有玉带水,高官必定容易起;出人代代读书声,荣显富贵耀门闾"始终是中国传统社会人们在水与仕途之间建立的心理联系。可见,这样的自然格局不仅提供了适宜生存的小气候,同时也满足传统农业社会人们"读书入仕,光耀门楣"的心理需求。

综上,正是因为屿北山、水、地实用与精神的契合,汪氏一族才选择在这里定居,并从此展开了长达800余年的耕读生活历史。

2. 村落布局

村落布局涉及功能分区、水系整理、边界限定、街巷格局等诸多内容,它们并非彼此独立,而是相互交叉影响,因此在村落建设过程中要综合考虑。不仅如此,为获得心理满足,村落建设中还会进一步结合风水,以期强化环境风水的意义或弥补村落空间风水的不足。

村落地址选好之后,兴修水利就成了营建村落的起点。水是农业生产的命脉,饮用、洗涤、农产品加工及灭火救灾等都要用到水。此外,水还可以改善小气候、美化环境,而实际上自然界不会恰好存在适合人们全部需要的水形。大部分村落在选址之后都必须要有一个统筹规划、疏通水系的过程,以形成良好的水系解决村落给排水等问题。历史上汪氏族人曾先后对独坑溪、后坑溪进行了整理疏浚,他们在上游兴建堰坝,抬高水位,砌筑水渠,将独坑、后坑溪水引入农田和村庄,并在村庄外围开挖殿前池、黄门池、荷花池和门前池等水塘,将溪水引入,增加蓄水量,提高水的调节能力,这样既有效疏导山洪,也满足干旱季节农田灌溉需求,并使村内开挖的八口水井有了充足的补给水源,保证村民生活用水。每幢屋舍的生活废水通过排水沟汇聚于街巷边的明沟,最终流入农田。而生活污水则全部作为有机肥料加以利用,定时清运到田塍地头。

■ 图5-7　东望屿北

　　经过规划的水系不仅满足了防洪与饮水要求,同时还起到了界定村落范围的作用。一般来说,楠溪江村落大多有明确的边界,既有自然山、水,也有人工的寨墙、防洪堤、拦水坝等等。而屿北村边界则是由自然溪水和人工寨墙双重界定的,独坑、后坑两条山溪作为自然边界围绕村庄,限定屿北村最外层的边界,溪流之内为开挖的水渠,环绕村落一周,形成闭合的环境,沟渠内侧则是一道卵石砌筑的寨墙环绕整个村庄。三道边界明确界定出屿北古村的范围,它们不仅是村民安全生活的保证,同时也因村落领域感的增强,强化了整个宗族的凝聚力。水渠与寨墙限定的是屿北有形的边界,而在村民心中他们心理边界则在距村约一里多路的屿山脚下,即村落水口所在,他们认为从这里开始就已经是屿北的领地,相应的村落规划与建设也就从这里开始了。古人眼中,水口是村落外部空间的重要标志，也是村落内涵的灵魂，制约着村落的"吉凶祸福"，当缺少"狮象把门"的形胜，又要达到"水口之山，欲高而大"的风水要求时，就要通过人工处理来弥补不足。屿北水口依托的屿山海拔仅152米，相对偏低，于是水口处便建起了许多寄托村民无限希望的人工建筑物、构筑物。半月形的石拱殿前桥横架于溪流之上，紧锁水口，桥西溪水翻腾，桥东良田万顷；陡峭的屿山古道上修筑路亭，山坡上修建陈五侯庙，山脚水口桥头建关爷庙。这些人工建筑物和山林绿化，增加水口的锁钥气势。自水口向东行，通过屿山南侧蜿蜒的山道到达一片高岗，站在高岗，便能俯瞰屿北，黛瓦石墙，屋舍井泉，近在咫尺。岗上遍植参天古松，蔚然成林。这一片松林在屿北人看来就是保佑庇护百姓的风水林，村民们将一棵棵古松作为神灵来供奉。族规严格规定，岗上的古松是祖宗的风水林，谁也不能砍伐，否则，不但其本人将遭灾受劫，整个村庄也会不得安宁。几百年过去了，即使是20世纪50年代末的"大炼钢铁运动"，60至70年代的"文化大革命"也未能彻底毁灭这些傲然屹立的古松。在屿北人心中，村落的水口林是一道守

图5-8　风水林

护古村的天然屏障，更是汪氏宗族的精神屏障。

经过风水林折而向北便来到古村，汪氏祖先在这样一个封闭的环境中用心规划自己日常的居所。为避免占用更多的土地，村落形态方整，布局集中，南北宽约250米，东西长约200米。整个村落坐西朝东，而不是普遍的坐北朝南，这是件很有意思的事情，且不说它完全不同于中国建筑普遍坐北朝南的方向选择，即便从其自身环境来说也应该是坐东朝西而不应该是坐西朝东，因为村落东侧紧靠金山，西侧却是相对开阔的地带，为什么屿北会选择东面开门见山却背离西侧广阔环境，这实在令人不解，唯有揣测汪氏先人，更多的应该是从风水角度来考虑村落朝向问题。古代营建住宅多讲风水，而堪舆学中流派众多，其中"八宅派"理论影响较大，所谓八宅派就是将住宅分为"东四宅"和"西四宅"。"东四宅"是指坐东朝西、坐东南朝西北、坐北朝南、坐南朝北四种坐向的房子；"西四宅"是指坐西北朝东南、坐西南朝东北、坐东北朝西南和坐西朝东四种坐向的房子。对住宅朝向的选择，"八宅派"认为要以人的"命卦"来决定，然后再根据所谓"命卦"来确定住宅的具体朝向。由于"八宅派"理论在古代影响甚大，所以很多人都是根据"八宅派"理论来确定住宅朝向，汪氏先人世袭书香门第，想来对"八宅派"风水理论并不陌生，他们极有可能据此来确定最初房子的朝向，后来宗族繁衍，世代沿袭，才有了今天整个村落坐西朝东的布局。当然，住宅朝向的选择包括很多其他因素，如当地气候条件、地理环境等情况，必须全面考虑，因此，汪氏先人基于"迎旭日而得大气"的考虑而进行村落朝向的选择也不是不可能的。

不论村子大小，为通行方便与相互联系，村内街巷都经过精心规划，楠溪江古村一般都有一条主街贯穿全村，与主街垂直的几条街是次街，次街之间则由小巷连接，主街往往是村子最重要的礼制中心。目前屿北村西的中心街是全村主街，中心街依次连接北门街、下街路、北门路、四面路等街道，这些道路再与房前屋后的小巷相连，从而形成密集的路网，路网外围是一条环形道路，紧邻寨墙，通过寨门而与村外道路相连。虽位于相对平坦地带，但屿北村内路网并不方正整齐呈直角相交，而是显得有些随意与凌

乱，路面均由卵石或山石砌筑而成，因岁月久远而光滑异常。中心街经过拓宽，现在的宽度在5米左右，是古村内最宽的街道了，街左侧的建筑挑出深远的檐廊，廊下自然成了村民日常交往的场所。此外，村中其他街角、房舍边也会布置一些石桌、石凳，夕阳下，晚风中，劳累了一天的人们在街边小坐，聊着天南海北的轶闻旧事，也谈论眼前的生产生活，或喜悦或忧虑，交流着心声，培养邻里之间的情谊；放学回家的孩童，有的在夕阳下尽情地

■ 图5-9　村道

玩耍游戏，有的凝神专心做着学校布置的作业，继续着汪氏先祖"读以荣身"的传家理想。20世纪40年代，中心街一侧建筑曾被国民党军队焚毁，50年代又经过重建，才拓宽至今日的规模，因此它并非屿北历史上的公共中心，真正的中心是位于村落东南的汪氏宗祠尚书祠，它既是村落的公共中心也是宗族的礼制中心，两者的结合再次说明宗族文化对屿北村落的重要意义。屿北村没有明确的功能分区，村内建筑以祠堂为中心形成组团式布局，每处祠堂都有着自己的领域范围，规模大小由本族兴衰而定，彼此互不交叉，井然有序。组团的居住建筑并不是围绕祠堂而建，而是祠堂建在外侧，普通民居则靠近村中而建，因此屿北空间布局形成民居核、祠堂圈、环村路、寨墙、护村河等这种耐人寻味的同心圆结构。

■ 图5-10 屿山脚的"水口"

3. 象征性表达

象征是中国传统文化中一个重要的特征,传统建筑从立意构思到平面规划,甚至细小的建筑构件都体现着象征手法的运用,英国学者李约瑟在考察完中国建筑后曾不无感慨地说:"城乡无论集中或分散于田庄中的住宅,也都经常出现一种对宇宙图案的感觉,以及作为方向、节令、风向和星宿的象征主义。"楠溪江古村落信奉耕读文化,为使宗族文运昌盛,常选择自然山水来象征文笔或笔架,如文笔峰或笔架山,更有甚者直接以文房四宝来进行村落布局,如苍坡村,村内砚池、墨锭、笔街等无不体现着先人对子孙登堂入仕的企盼。

屿北古村耕读文化的象征表达是以北宋周敦颐《爱莲说》中"濯清涟而不妖,出污泥而不染"的名句为指导的。汪氏始祖汪应辰因不畏权势敢于直谏而被迫归隐田园,后人感念于他的刚正不阿,以莲花之情操相比拟,并将这种敬仰赋予空间营造中,作为对后世

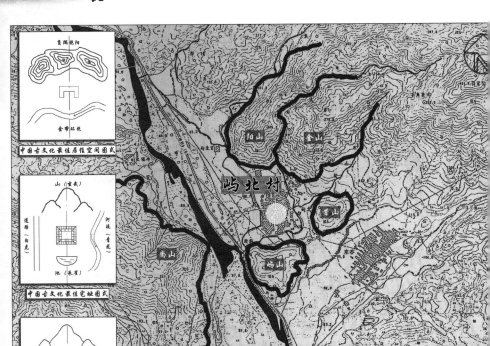

■ 图5-11　"莲花出水"形胜示意图

子孙的无形警示。村落平面为莲心，内圈的民居、外围的祠堂仿佛
颗颗莲子，绕村的环路、寨墙与护寨河则界定了莲心的形状。寨墙
之外大片彼此独立的水田与池塘仿佛初生的莲瓣，而四周重叠的
群山恰似盛开的莲瓣，整个村庄从内到外，从人工到自然各有所
指，如此也就不难明白为什么屿北村落空间会近似同心圆结构。西
侧村口处有一隆起的地垅，形状似莲茎，而村之四周两溪潆回，春
夏季节水绕盆地，遂成莲花出水，蔚为奇观。据传明朝地理学家李

时实曾来过屿北,他浏览四周,便得一绝"永嘉屿北路逶迤,出水莲花一地奇。山作寨墙屿为郭,读书耕稼两相宜"。如果说笔架山、墨池的象征是先人对子孙功名的企盼,那屿北莲花则更多是象征对后世子孙人格的警示,希望屿北"出官则清正,出仕则清高"。

三、朴实儒雅的居住建筑

"宅者,人之本",因此,无论贫富或社会地位高低,人们都很重视住宅的营建,相应的民居建筑往往成为主要建筑类型,决定着一个村落的基本景观风貌。屿北古村目前留存着30多座古宅,17座合院大屋,它们集中在古村的中心,幢幢散落形同莲芯。同楠溪江众多民宅一样,质朴本真、不事张扬是它们给人最直观的印象,同时作为独特环境中的产物,这些民居又有着自己鲜明的特点。

楠溪江流域住宅特色鲜明,平面型制多样,有"一"、"H"、"口"、"日"等多种形式;空间开敞通透,庭院、檐廊、整间的门窗模糊了室内外的界限,回应着当地潮湿多雨的气候特征;建筑形

■ 图5-12　古建筑分布图

态朴素自然，大多数用素木蛮石，略点缀几块白粉壁，规整干净却又因重重叠叠的出檐而有着丰富的立面构图与多变的形体轮廓。如陈志华先生所说："楠溪江建筑没有皖南民居的精致，没有晋中大院的豪华，也没有闽西土楼的壮观，但它们把楠溪姑娘的清灵纯秀，老农的朴实坦诚和在乡文人的儒雅散淡熔铸进去，它们那么和谐宁静，潇洒自如。"

■ 图5-13　古建筑一

　　屿北民居有着楠溪江民居所共有的一切特点。建筑大部分坐西朝东，平面型制以三合院最多，一般厅堂居中，前为庭院，两侧厢房相对，形成轴线对称的格局。民居有楼或无楼，视家庭富裕程度而定。正堂一般七开间，明间最大，次、稍、尽间略小。明间多采用敞厅形式，中间以木板做壁隔成内外空间，靠近庭院的外侧部分是家中举行重要活动的场所，因此多紧贴木壁布置精美案几，便于摆放供品，案几之后则悬挂大幅中堂，中堂之上则多有四字木牌匾炫耀家中的多福、多寿、多德，字体或遒劲或儒雅，不难看出是出自乡间士绅文人之手。木壁之后多为过厅，连通后院直达户外，左右两侧开门通向堂屋其他功能空间，若正堂有楼，则木壁之后也是上下通行的楼梯所在。明间两侧的次间、稍间多做居室，开间略小。厢房开间数一般为五间或与正堂相同，两房相连，交接处往往也会布置通向二层的楼梯。所有民居建筑均采用悬山顶，做清水脊或叠瓦脊，屋脊呈曲线形，两端微翘，中部平缓。屋面略有举架，造型舒展，上铺灰色小瓦，两山墙面出脊较大，无搏风板，直接在出头的檩条上挂瓦当以挡雨。房屋出檐深远，形成前檐廊，深达2米，它与正堂两厢等建筑下面的台基共同限定出一个通透的檐下空间，既满足通行需要，又可以遮阴避雨，同时也是家人日常活动的空间。檐廊、重檐、山檐、窗檐、门檐等，它们对丰富村落建筑形态发挥着至关重要的作用。

　　三面围合的庭院或开敞或封闭，开敞的庭院直通村中街巷，出于风水考虑往往顺行于道路而不是相互垂直，视野通透，空间开敞；封闭的庭院则在东侧设墙，墙不高多以卵石砌筑，坐在院中便可看到街巷中的行人。设院门，居中或偏于一侧，多为木制，上设两坡顶，仿佛小屋，下设门槛，两扇木门板尺度低矮。所有的细节似乎都暗示着这样的一个事实，那就是门与墙的设置并不是为了身体的防卫而是心理的安定。抬眼望，视线越过门墙，古村四周秀丽的群山尽入眼帘，草木郁葱、水汽氤氲，有着陶渊明"采菊东篱下，悠然见南山"的桃源诗境。有时东侧

■ 图5-14　古建筑二

不设院墙而是建造一排房屋，并在中部设敞门，然后进入内院，则三合院就变成了四合院，屿北的建筑就是由一座座宅院构成一个个独立的生活单元。

■ 图5-15　护寨河

　　屿北居住建筑深受耕读文化的影响，其中最能呈现耕读风范的就是每座民宅都取有一雅致的堂名。房屋堂名始于宋朝，宋王佑于其住宅旁植槐树三株，号其屋为"三槐堂"，以象征其儿孙必有为三公者，后其子王旦果为宰相。屿北古村取堂名的房屋共有十九座，它们是：翕和堂——蕴涵着父母、兄弟、邻居等都和翕爱好之义，源自《诗经·棠棣》："兄弟既翕，和乐且湛。"三多堂——谓居住在此屋中的人，一定会多福、多寿、多子，源自《尚书》："华封人祝帝尧曰：'使圣人富（福）、使圣人寿、使圣人多男子'。"茂秀堂——秀指文化，意味着同堂居住的人应多读书，力求上进，使堂中文化发达。阳和堂——指一堂阳春暖和气象，生机勃勃的景色，源自《史记·秦始皇本纪》："时在中春，阳和方起。"阳春堂——指阳春三月正当耕作之时，应努力农事，源自《管子·地员》："阳春农事方作，令民勿得筑垣墙，勿得缮冢墓。"钟寿堂——钟，聚集也，谓住在此屋中的人都会长寿。乐德堂——乐于修立道德,即崇尚道德。九如堂——谓居主在屋中之人,如日之恒,如月之圆,如松之茂,如竹之苞,如柏之翠,如岗如陵,如山如阜。三益堂——谓交友之道,益者有三,即友直、友谅、友多。三祝堂——即华封三祝:多福、多寿、多男子。轩贤堂——轩意为品德高尚,期盼本堂培育品德高尚的贤哲。毓秀堂——谓堂中培育或聚集着才秀。更新堂——更旧为新,源自《旧唐书·孙伏伽传》:"亦是为天下断,当许其更新。"乐善堂——本是康熙第七子弘曕书室名,这里可作堂中人喜做好事解。文蒸堂——谓文蒸霞蔚,文采蒸蒸日上之意。庆余堂——谓喜庆有余,源自《世说新语》:"向阳之地春无垠,积德之家庆有余。"旷怡堂——谓住在堂中,快乐无忧,源自宋范仲淹《岳阳楼记》:"登斯楼也,则有心旷神怡……"儒雅内秀的堂名透射着时世清平,五谷丰登,一堂喜庆,有余之义以及乐善好施的思想,反映着先人对后世子孙的美好期许。

如果说普通乡民为自己居所取一个有意义的堂名只是出于习俗,那么村中文人则更多的是从自己身份来考虑居室的雅号,从他们为住宅取名的斟酌过程我们似乎不难看出耕读文化与空间营造在屿北有着怎样密切的联系,"得月楼"的由来即是一个很好的例子。"得月楼"建于清道光十四年,是村人汪兰池的居所,汪应郡试而回家遭火灾,第二年重建房屋并设书房于左首楼上,以作藏修之所,居所中设书房这在当时的屿北是首创,如何取一个雅致的名字与新居所相配让汪氏颇费思量,其后来撰写的《得月楼记》记述了居所取名的全过程:

甲午之春,予应郡试而家遭回禄焉。明年,乃因旧址鸠工庀材。既落成,复就屋之两旁各筑小轩三间,更创书房于左首楼上,以为藏修之所。时滕衡山先生来相访,对榻之余,冰轮乍涌,先生呼予而言曰:"美哉楼也,坐老子于此,兴复不浅,将何以名?"予曰:"昔王佑植槐,即以槐名堂。黄冈多竹,即以竹名楼。今予之楼,不知所以名也。"先生曰:"不然,吾闻天地之间,有物必有象,有象必有名。是以古之名楼者,曰齐云,曰楼星,言其高也。今时方盱食,适明月入牖,目遇之而成色,是造物之与我以名也,宜名之曰

"得月楼"。今夫月之为质也，三五盈三五亏，一天地循环之运也。大明生于东，月生于西，一阴阳配偶之义也。其印万川而掬水在手者，物物各有一太极也，其隔千里而容光必照者，万物同具一太极也。儒者得志而为卿士，则以身为月而得之于庙堂之上。即不得志，而浮云富贵，不着尘艾。则以心为月而得之于方寸之灵台，月亦安往而不得者哉？况吾子也，且怀元龙之意气，豁瘦亮之清眸。登斯楼也，举杯邀明月，当有心旷神怡，宠辱皆忘，抱明月而长终者矣！予有味乎其言，因嘱中书君命叙其事以为记。

　　"适明月入牖，遂以'得月'名"，是典型的传统文人的情怀。除了为居所取一个雅致的名字，村中文人还会以家中楹联、匾额来显示自己身处乡野却对文化的推崇，如屿北村西北侧的秀才宅第，该屋主人父子二人同为清秀才，都工文喜诗，推崇李白文风，于是在村西北建造七间两轩地宅一座，式样精致古朴，四周流水环绕，其院落入口门台上书一联云："二水洄环分左右，三峰罗列属东南"，而台额上则镌刻"畅叙幽情"四字，字迹清晰，今尚耀目。

　　屿北现存居住建筑大多因历史原因而容貌更改较多，闲存堂是其中保存较完好的一座。闲存堂位于村中心，为传统合院式民居，建于清中期。闲存意在"存诚心以杜止邪恶"，语出《易经》："闲邪存其诚。"房屋主人的品德追求和情怀可见一斑，民国期间，这幢建筑被改成染坊。20世纪20年代，中国共产党早期党员谢文锦到浙南一带传播革命思想，也曾在这里居住过。整个建筑坐西朝东，占地面积约650平方米，二层，面阔七开间。建筑平面采用口字形，内院四周设檐廊，西面另有一小型后院，用石头围墙与外界分隔，西面以前是花园，现由于长久无人打理，成为堆放杂物的场所。建筑采用悬山顶，做清水花脊，屋脊呈弧线形，两端较高，屋面平缓，略有举架，造型舒展，上铺灰色小瓦，两山墙面出脊较大。

　　建筑由东向西依次布置门厅与正厅，并与南北厢房围合成两进院落。整体布局基本对称，但在边间、厢房及出入口门台的处理上又显得十分灵活。外墙用卵石垒砌而成。门厅东北角原靠近村中道路，是建筑的大门所在，现已毁。门厅为五间悬山式建筑，明间面阔5米，次间3.22米，稍间2.2米，另于南北稍间外添设四间，使得通面阔28.14米，通进深8.42米。东西明次间底层设外廊，东侧形制外船篷轩。柱头设一步轩梁，梁为琴面月梁，上置二坐斗承荷包梁，轩望板直撑于轩枋上而不用轩椽。西侧廊柱用圆柱，上置圆栌斗，出斗口跳承托檐檩，内转月梁，于梁中设搁棚承平板隔断。门厅明间为开敞的通道，上装饰天花。次、稍、明间都用木板壁隔断。门厅二层由稍间楼梯上下，二层高度较低，且用材较粗略，梁架为抬梁穿斗混合式，中柱直接承托脊檩，老檐柱承托檐檩，上立瓜柱承檩及单步梁。门厅屋面铺设小青瓦，檐口用勾头滴水，正脊为简朴的叠瓦脊。一、二进之间为10米见方的庭院，地面铺砌卵石，为宅院主要休憩活动的场所。东西为三间厢房，分别面阔3.2米、4.18米、3.2米，进深为8.35米。明间开六扇宫式隔扇窗，两次间为四扇直棂长窗。厢房内院设廊，样式同门厅内廊。正厅为七开间悬山顶建筑。通面阔28.14米，进深达11.14米，正厅只设前廊，宽1.6米，结构为船篷轩，廊柱柱头置坐斗，形式为宋式的斗口跳，横出征心瓜拱承檐枋和檐檩。纵向出跳承挑檐枋。轩梁上置二坐斗荷包梁，梁面素平不事雕刻。全厅各柱皆用方形木，正厅明间、次间、稍间有木板壁分隔，明间为中堂，在北侧里金柱间立八幅屏风门，左右各两扇开启，通向厅后部及后院。正厅内外柱不等高，中柱承托脊檩，柱头围绕檩条为

■ 图5-16 闲存堂

方形蝴蝶木，里金柱承上金檩，与中柱间架双步梁，上立瓜柱承檩及单步梁。形制皆为月梁，里金柱与外金柱间亦设双步梁，一头连接正金檩，一头插入里金柱身。梁上置坐斗直接承托檩条及随梁枋。正厅装修靠内院用五抹头宫式长窗，明间后部用四抹头式宫桥窗，次、稍间则用较素朴的直棂窗。正厅屋面铺小瓦，檐口封护较为特殊，用长方条砖钉于圆椽头上，功能类似封檐板，但在耐久性上略胜一筹。正厅之后为狭长的小院，西侧围墙连接两厢之间的山墙，偏西北侧设一小门出入，小门单间用两柱，中间用两道穿枋连接。小院南北各有两间厢房，梁架用材细小，构造简单。

　　民俗文化对该民居的影响随处可见，它渗透于营建活动的各个环节，从选材、开工到立柱、上梁，无不有相应的习俗和规矩，给人一种朴素自然的感觉。主体构架用木材，外部墙体用岩坦溪卵石垒筑。建筑布局自由，在正对大街的东西二面，均将东西向屋面作分段处理，在东西向屋面与南北向屋面交接处，东西向屋面比内院屋面降低约40厘米，错开的屋顶增加了外立面形体的丰富感。在整体结构规整的基础上，南北方向另附有多个双坡小房间，增加了建筑形体的变化。各山墙面上还设有披檐和檐廊。

　　建筑立面为木材原色，没有华丽的雕梁画栋。正堂与厢房的明间采用大板门，上开连排格子窗，上面雕刻木雕纹样，此处木雕保存得较为完好，有花卉、龙凤、仙鹤等吉祥图案。其余门扇大多为板门、板窗或直棂窗，局部设有少量花窗，朴实无华。建筑墙面采用"竹编造"，即在室内穿斗式梁柱间和各隔断上以竹编成骨架，外面抹泥灰。山墙面穿斗式梁架露明，"竹编造"间设木板门扇，色调明快雅致。檩条上盖一小青瓦，防止雨水腐蚀木头。建筑主入口上方的藻井，仅用格子分隔，装饰简练，表现出民居朴素的特点。此外，人们使用卵石、蛮石或条石垒筑围墙和房屋外墙，用卵石做成不同图案花纹铺满院落、街巷，朴素而自然，具有浓厚的乡土气息，展现出一个粗犷的石头艺术世界。柱础脚部雕刻有浅浅的海棠纹线，形式也非常简洁古朴。

　　闲存堂现归多户人家所有，每户人为了保持各自的私密性，新增了不少门扇，也局部拆除了原来的门扇，新老构件混合在一起,改变了建筑原有的面貌,特别是在二层,由于无人居住,内部堆满了木头等杂物,东面、北面局部房间甚至已用木板封死。另外,由于年久失修,建筑的外立面已经局部破损,破损的构件没有拆除,就在一边直接搭建新的房间,新旧混杂,交接混乱,为我们客观地认识这座建筑带来难度。

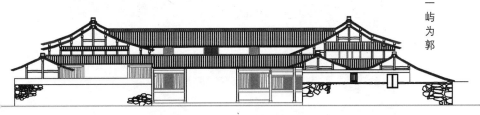

■ 图5-17 闲存堂东立面

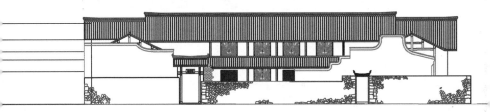

■ 图5-18 闲存堂西立面

四、井然有序的礼制建筑

村落中除大量居住建筑外,还有公共建筑,它们数量虽不多,但有些建筑地位却极高,例如宗祠。宗祠是血缘聚落里最高等级的公共建筑,是宗族的象征,它起着团结宗族、维护封建人伦秩序,教化宗族成员的作用。目前,屿北村内有大小祠堂六座,它们的功能、平面型制、等级划分等与楠溪江其他村落祠堂并无二致,只是在建筑具体形态上有所差别。

一个宗族通常分为几个房派,房派之下又有支派,因此宗族

■ 图5-19 六份祠堂

也分为几个层次。全宗族的最高宗祠叫"大宗"，只有一个；房派的宗祠称为厅或小宗，村中可以有好几个。屿北祠堂除大宗尚书祠为全村汪氏子孙共同祭祖之所外，其余几座都是分支祠堂，从它们的称呼上我们能够感受到汪氏宗族繁衍的绵长，如六份祠堂、四份祠堂等，而新坵祠堂、月街头祠堂、大川祠堂则是村民依据周围环境特点而赋予的名称。

祠堂的作用是多元的。供奉祖先，按时祭祀，因此对宗族或房派有着神圣的意义；举行大会，集体议事，它便被用作宗族的聚会厅、议事厅、礼堂和法庭；对宗族有重大意义的物品，如圣旨、诰命、祖宗像等也保存在祠堂中；与宗族相关的其他事情，如编修族谱也在祠堂中进行；甚至招待地方官吏、农忙时堆放稻谷、村民借住等看似与宗族无关的事情也都在祠堂中发生。一个村民从生到死，其人生历程中很多环节离不开祠堂，因此，祠堂仿佛一双温暖的大手，呵护着子孙后代所有冷暖。屿北众多祠堂就像这样的一双双手，它们分布在村庄外围的各个角落，站在寨墙这道有形的屏障之后形成一道无形的精神屏障，将属于自己的子孙掩护在身后。

由于集中许多功能于一身，宗祠便象征着宗族或房派的经济、社会和政治地位，关系着宗族或房派的荣誉，因此宗族或房派都会着力把祠堂建造的壮观宏大，富于装饰。不过，作为礼制建筑的祠堂，程式化程度较高，平面型制相对固定。一般来说，楠溪江大多数的大宗祠堂包含一个七开间的享堂、一个门屋，两侧廊庑连接，规模较大的，门屋前往往还有几进院落形成轴线布局的纵深空间。小宗祠堂不过是三到五间的一座享堂，前面便是院子。享堂是最庄重的地方，春秋两祭都在享堂里隆重举行。明间太师壁前有神龛，供奉神主，神龛前置长条香案，其余列祖列宗神主放在两侧神龛内。享堂前檐完全敞开，祭祀时人多，有一部分人只能站在院子里，在前檐柱与金柱之间左侧悬钟，右侧架鼓。纵观屿北各个祠堂，型制莫不如此。以村西南的六份祠堂为例，六份是屿北汪氏宗族一个相对兴旺的分支，族中读书人、富裕者较多，因此该祠堂在其他分支祠堂中规模最大，保存也最完整。祠堂建于清康熙年间，坐东朝西，面向村西岩坦溪，与尚山隔溪相望。祠堂前有一个小广场，受寨墙所限规模较小，广场上树立着一对石制旗杆，标志着这一房族有人曾登过科甲。祠堂门屋为悬山顶，挑檐深远，下

■ 图5-20 大川祠堂

方设柱支撑,柱头设斗拱,其上做浅雕。上五步台阶进入门屋,迎面而来的是一个宽敞的院落,两侧廊庑环绕,与最前方享堂前檐廊相接。享堂五开间,中间神龛位置悬挂着本房祖先的画像,神龛前仍有子孙祭拜的痕迹。与六份祠堂相比,老四份祠堂、大川祠堂等不但规模较小,且破坏较严重,有的已被改作仓库,甚至一些祠堂只能找到遗迹,这往往是因为宗族的衰败或外迁和其他原因而导致的。

作为礼制建筑,祠堂的教化作用无处不在,除了相关的仪式外,祠堂中的楹联与匾额也都起着荣耀先祖、教育子孙的作用。楹联与匾额一般都写在享堂的开间柱或梁枋上, 举行仪式或祭祖时,子孙一抬头便可看见。坐落于古村东面的四份祠堂,坐东朝西,为近年重修,建筑规模较小,院落没有廊庑,享堂五开间。这座祠堂最大的特点是就是享堂的楹联与匾额, 数量之多为屿北罕见,享堂檐柱、明间隔板、两面山墙全部写满了诗词和楹联,诸如"孔孟之教仁义为先, 尧舜之道孝悌而已"、"青山不墨千秋画,平阳源远荣支派,樾树荫浓庇裔孙,绿水无弘万古琴"、"尚武尊文儿孙业绩壮山河,勤耕苦读先祖功勋照日月"、"宗祠肃穆百世蒸尝,支派容盛千秋兴盛"、"子孝孙贤世泽长,玉盏长存万年香,金炉不断千载火,祖功宗德流芳远"等等,而享堂的房梁上则写着"风调雨顺、国泰民安",既遥祭了祖宗,又教化了子孙,还祈求了生活,可谓一举多得。同时,在这样的环境中,想避开传统礼制的教化都是不可能的。

屿北最重要的祠堂是尚书祠即大宗祠,它坐落于古村之南,系始祖汪应辰汪应龙二公神位安置之所。因汪应辰与其子汪逵皆为吏部尚书,所以以"世尚书"标榜,据传宗祠始建于宋,于清乾隆五十三年重修,后又经过多次修缮。祠堂的平面布局、建筑型制、梁架细部、牌匾等无不体现着汪氏始祖曾经的显赫,其所呈现的礼制格局更加严谨与正统。

尚书祠紧邻东南寨门, 历史上这里曾是进出屿北的主要通道,位置极为重要。祠堂占地面积达3199平方米,轴线对称布局,由敕门、照壁、前厅、中厅、两厢轩、敦睦祠等建筑组成,规模宏伟。进入寨门向西略转便来到敕门前,敕门是奉皇帝旨意建造的里门或村门,一个村庄只有出过较高官爵的人物才能得到皇帝赏赐建造敕门,因为代表着皇家的赏赐,故不论高官还是庶民一到敕门必须要下马落轿表示尊重,如若不然,村民有权阻止其进入。楠溪江两岸有敕门的村庄不多,唯岩坦镇所辖境内三个村庄建造敕门,除屿北外,还有溪口、岩坦两村。因屿北汪氏先祖汪华谥号"樾国公",故屿北敕门悬"樾国流芳"匾额,以示荣耀,门下三层花岗岩台阶,寓意秀才、举人、进士"连升三级"。虽然目前敕门已毁,只剩台基,但其无形的存在依然时刻提示着子孙祖先的荣耀。

　　进入敕门,迎面可见一口深井,名曰"敕门井",井深达5米,直径1米左右,水从地下涌起,旱天不涸,久雨不盈,常年保持固定水位。夏凉如冰,冬暖如汤,是过去村民重要的水源。人们在井台汲水闲聊,增强着邻里的感情。

　　自敕门井左转,便来到祠堂的第二进。第二进以门屋为界,穿过门屋来到一个宽敞的大院中,与门屋正对的是宽达4米,高约3米的照壁(现已毁),面阔三开间。花岗岩条石构筑的台基,建筑用青砖实砌。院落以照壁为分界形成前后两部分,目前门屋已毁不留痕迹,照壁也只剩基座浅埋于地下,院落开敞,青砖铺地,地面毁坏严重,砖缝间长满杂草。院落东南角生长着一棵古老的银杏树,虽已历经四百多年风雨但依然欣欣向荣,每年深秋季节满树金黄。再往里走,正对院子的就是祠堂的前厅。前厅为门屋形式,面阔三开间,为普通石基,设甬道。明间六柱,柱为圆形,明间柱础为鼓形,次间为方形。梁架结构为抬梁和穿斗并存,脊柱间额枋下明间置两扇大门,次间用木板隔断。屋顶呈悬山,次间低于明间檐。前厅前有八对石制旗杆夹,肃然屹立,显示汪氏历代科甲荣登,簪缨继美。进入前厅为一狭长天井,中间铺设甬道,青砖墁地,两侧天井地面用弹石墁地,再外侧则种植花圃。

　　天井正对祠堂中厅,面阔五间,明间大于次梢间,台基为普通结构,基面用三合土砌筑。柱为四边形,柱础亦为方形。明间梁架结构为抬梁式,次间为穿斗式,设后巡廊,次梢间山面用木板隔断。屋顶为悬山，梢间檐低于明次间檐，面铺小青瓦。明间前额枋上悬挂"世尚书"匾额，据说为清末永嘉县儒学正堂特题。明间后巡廊原建有向院子突出的戏台，院子就是观众席。过去演戏都借敬祖酬神的名义，宗祠也因此成了娱乐中心。从戏台残留的粗壮石柱础，推测戏台用歇山顶，檐角高挑，舒展欢快，是宗祠内部的建筑艺术重心。它又是小木作装修的重点，戏台中心的藻井，非常华丽精美，镏金斗拱斜出，层层叠叠，宛转如流云，而且彩饰十分鲜艳。享堂也多藻饰，刚柔相济的月梁，流畅而轻盈，月梁上还作卷草行云薄浮雕，我们可以想象当年演出时人山人海、喧嚷热闹的场景。

　　过中厅便来到最后一进院落，院落左右两侧为两厢轩包绕，两厢轩进深仅一跨，开间数较多，但东西两侧开间尺寸不等，梁架结构为抬梁式，屋面铺小青瓦，檐口置勾头滴水，青水脊。院落比两厢轩地坪略低，近似正方形，较为开敞，满足祭祖与看戏等集中活动的需要，中间设甬道，靠近享堂一侧用弹石铺砌成一方形地面，花纹精致。

■ 图5-21　尚书祠一

祠堂最后一进便是享堂所在,因堂内高悬"敦睦"巨匾,故又称敦睦祠,为清乾隆五十三年内阁学士礼部侍郎提督王杰为汪氏宗祠题写,面为五开间,设前巡廊,两侧开门,分别通向祠堂外侧与享堂后面。梁架结构为抬梁与穿斗并存,山墙用木板隔断,屋顶为悬山顶,屋面铺小青瓦,檐口置勾头滴水,脊为青水脊。堂内明间为神龛所在,上有汪氏祖先的画像与神位。敦睦祠之后根据地形设置一狭长的后花园。整个尚书祠以蛮石高墙围合,体形高大复杂,明显区别于周围的普通民居建筑,彰显着它在村落中的重要地位。

■ 图5-22　尚书祠二

■ 图5-23　尚书祠三

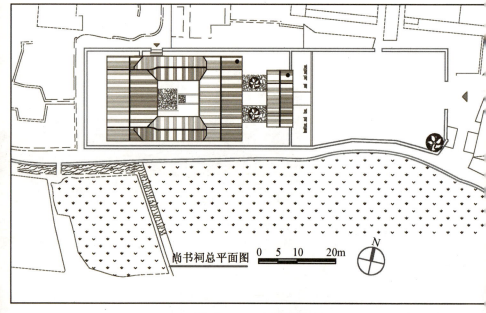

尚书祠总平面图

0 5 10 20m

N

■ 图5-24 尚书祠平面图

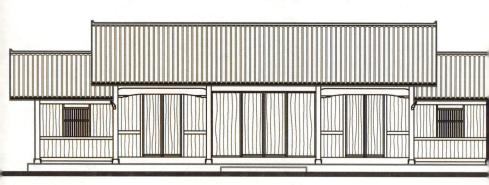

■ 图5-25 尚书祠立面图

五、无处不在的崇祀建筑

浙江古村落大多建有寺庙，位置一般在村头或村后的水口处，面积不大，格局平庸，恰与处在中心位置的显赫宗祠形成鲜明对比。庙内多供奉出身为凡人的神，如三官大帝、关公、胡公、陈十四娘娘等等，只要能够保佑风调雨顺、升官发财、生儿育女等等，不论地位高低皆可成为庙中供奉的神。村民心内有结，便到庙内去烧几炷香、磕几个头，以求化解。

屿北村建有很多庙宇，其中最重要的是屿北宫。屿北宫位于村外西北的田间，距村约半公里左右，始建于明洪武年间，现存建筑始建于清道光二十五年。建筑占地面积约1100平方米，坐北朝南，整体布局呈中轴对称，轴线上由南向北依次布置主入口、前殿、戏台、院落、大殿等空间，并与东西厢房围合成四合院。整个建筑宽广宏伟，雕梁画栋，甚为精致。屿北宫东西北三面墙体做法为下垒2.3米高的卵石，上用青砖立砌。墙面外环以0.4米宽的排水沟，南侧前殿外用块石垒1.5米高的矮墙隔出逼仄小院，朝东西方各留出一个出入口作为庙宇的侧门。院落南侧建筑轴线之上的道坦设置焚香处，悬山顶，上下两层，上层烧香，下层摆放供品。进入庙宇大门即是屿北前殿，为面阔五开间硬山式建筑。明间面阔4.6米，为进出

■ 图5-26 屿北宫一

的门道所在，两侧次间各宽4米，用木板与明间分割，并在北侧用木板围合形成倒座空间用于存放杂物，进深较窄，四柱六檩，仅7.6米。前殿梁架结构为抬梁穿斗混合式，檐柱与金柱间有平板天花吊顶，前殿北侧设廊，用单步梁及穿枋连接。建筑屋面铺设小青瓦，檐口不用勾头滴水，正脊为简朴的叠瓦脊。前殿南侧即是屿北保留下来的唯一戏台，系明朝落成，为单间歇山顶建筑，平面基本为正方形，面阔4.7米，进深4.6米。梁架与前殿搭接，结构于月梁上立草架柱，承檩及梁枋。顶部用八角藻井，由柱头及斗拱出两跳上昂承托藻井平棊天花，天花板枋及斗拱遍饰彩绘。前后四柱都有楹联，古人墨迹遗留至今，前大柱联云："是耶非耶其信然耶？秦欤汉欤将近代欤？"后大柱联

■ 图5-27 屿北宫二

云："咫尺往来千里外，百年事业一宵中"，是古人对戏曲的认识与描述。戏台北侧是庙宇的庭院，南北长14米，东西宽11米，地面卵石铺就。东西两厢各五间，不设隔墙，完全向院落敞开，并在北侧靠近大殿处各设庙宇一个次入口。厢房梁架用三柱五檩，前檐柱与金柱间用单步梁，金柱与后檐柱间设三架梁，下有随梁枋一道，三架梁上立瓜柱承脊檩与金檩。院落北侧即是大殿，为七开间悬山顶建筑。面阔23.1米，进深六柱十檩，明间抬梁用五柱，通进深达9.3米，大殿设前廊，为船篷轩，柱头置圆坐斗，横出征心瓜拱承托枋及檐檩，纵向出挑承外拽瓜拱及挑檐枋。轩梁上置二坐斗承荷

包梁,梁面素平不事雕刻。全厅各柱皆用圆柱,明间、次间上为藻井,用两跳上昂及拱承平綦天花。金柱间天花为五架梁,上立瓜柱承托脊檩及金檩,柱间架单步梁。后金柱及后檐柱间均设单步梁,上为平板天花吊顶。大殿明、次间有神龛,左边供奉土地、招财爷,右边供奉三官大帝,明间供全宫的主神——"陈十四娘娘",这也是楠溪江流域普遍供奉的神祇,这尊神像头戴珍珠凤冠,身着绸绫衣衫,姿态娇艳,栩栩如生,是中国工艺美术大

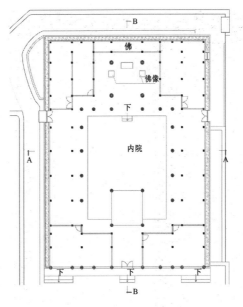

一层平面图 0 1m2m 5m

图5-28 屿北宫一层平面图

师叶润周遗作。此外,屿北宫地面做法多样,大殿用砺灰伴卵石铺设,其他地面用三合土夯筑。建筑中还保留有部分当时的书画作品和木雕纹样,虽已破败,但古韵犹存。因为建筑曾经作为学校课堂,所以内部空间经过部分改造,相应毁坏较多,但仍基本保留了

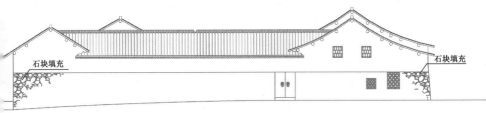

石块填充 石块填充

图5-29 屿北宫东立面图

千堂万户 一屿为郭 第五章

■ 图5-30　墨迹

初建时完整的面貌，每逢节庆，村民都会于宫中举行祭祀活动。

宫内大殿横梁上搁置着一根丈杆，长度是屋脊高加五寸，是丈量宫内各建筑构件的量尺，丈杆是用传统的鲁班尺为度量的。当宫殿维修、重建时，如用现代公制尺寸度量，各构件之间不能形成模数关系，取料、建造过程就十分复杂繁琐。我们在闲存堂看见正在维修房屋的木工熟练地用曲尺状"鲁班尺"做木工活的场景。"鲁班尺"的长度约为27.6厘米，在屿北仍广泛使用，主要用于古建筑修葺、室内装修等工程。

大殿现仍保存有字碑3幅，画3幅、字6幅，共计12块，大殿左右藻井共有20幅画，均依稀可辨，主要是花草虫鸟、吉利祥和的题材。

戏台藻井正中有1幅大尺寸画，围绕大幅画的是9幅小尺寸画；两侧各有9幅小尺寸画，计18幅。画的都是些如许仙与白娘子、杜十娘等著名民间传说和故事。七月初七是祭祀陈十四娘娘的"神诞节"，古时要跳民间舞蹈"罗汉舞"，请木偶剧艺人在屿北宫内的戏台演出《陈十四娘娘》、《南游全传》等曲目。

除屿北宫外，村内还有很多其他庙宇，从建筑角度而言其艺术价值并不高，大部分只是一间悬山敞屋供奉神位，外围矮墙，但它们却是村民心灵的慰藉与依靠。因此，即便庙宇已坍塌成为遗迹，仍有香火迹象。尖坑底宫位于屿北北侧，距村约2公里，建筑三面环山，环境清幽。这座建筑始建于何时目前已不可考，

■ 图5-31　关爷庙遗址

但上了年纪的村民仍记得民国期间一位叫汪可官的老人对这座庙宇的贡献。老人把自己肥沃的良田卖掉，转买尖坑底的瘠田，栽植百果和花卉，并修建庙宇，装塑神像，经过十多年的辛苦经营，遂使建筑壮大。后老人故去，建筑无人照料，至今已毁坏严重。屿山西南端悬崖上曾经建有陈五侯王庙，庙宇地势非常险要，庙前有坦道，站在路边俯视悬崖便头晕目眩。庙下山坳中，古木参天，更显现出萧森气象。近年来，因古村开发建造公路，庙宇的胜景几已不复存在。屿北水口建有关爷庙，目前整个庙宇已毁，仅有一些断壁残垣，据村中老人讲，庙中供奉的是关公、关平、周仓以及土地公、土地婆等七八位神像。在水口建关爷庙为的是凭借关公之忠勇，守关避邪，保村落一方平安。元坛爷庙建于村落西侧，又称风打亭，庙虽小，但前后左右景色优美，庙前更有一株生长八百年的樟树，枝叶浓密，如同伞盖，每当盛夏酷暑，村民结伴成群在此歇息。除了这些周边的庙宇，村落寨墙内也建有一些小庙，如双樟树庙、三官爷亭、天灯亭。双樟树庙建于村中一土丘上，据传这里

曾经有两棵很大的樟树，连理同根，庙就建在树旁，因此得名。庙中供奉的神灵是九钦相公，庙旁有汪氏分房祖的坟墓。三官爷亭是一小型悬山建筑，立面三开间，进深五檩，所有建筑细部与屿北普通民宅相同，只是建筑正面敞开便于乡民进出祭祀。庙内明间供奉掌管天、地、水三方面的神祇，据村中老人说汪氏先人曾建过两座三官爷亭于村之前后，每逢月初与十五，村民便到庙中来烧香点烛顶礼膜拜，向三神祈福。

■ 图5-32　双樟树庙

除了这些淫祠小庙，屿北还有一座宏大的古祠，即昭福寺，它不仅是屿北最大的寺庙，也是楠溪江上游最宏大的古寺，更是楠溪江两岸历史最为悠久的寺院。昭福寺位于屿北村旁岩坦溪西侧，乡民说，庙宇始建于五代梁贞明二年，屿北早期的居民徐氏一族曾是寺庙最大的施主。当时寺庙宏敞，山场广阔，最盛时寺中僧侣多达3000余人。寺院作为屿北一带最主要的庙宇一直保留到近代，直至20世纪初被大火焚毁，今存留下来的只有放生池、花岗岩台基以及残断的墙壁，荒草萋萋，难见往日辉煌，遍查文字资料也难以找到

■ 图5-33　昭福寺遗址

对寺庙建筑的详尽描述,唯从古人的诗词中领略些许它的旧貌,如清代浦江县训导曾写《春游昭福寺》一首:"柳绿桃红绕日出,一泓池水养龙鱼。风来客到花还舞,云入钟声响自疏。不为清明曾设酒,岂因苏子故烧猪。前溪倦后堪淘洗,犹带烟霞两袖余。"

六、坚不可摧的寨墙

楠溪江流域许多村落都建有寨墙,这与当地村民极强的防御意识与抱族而居的习俗相契合。许多古村落的始迁祖为避世乱而来,虽然楠溪江一带相对封闭安全,但仍不能完全避免外面的战乱与内部宗族之间的械斗,所以村民在各个历史时期都会采取相应的措施保障自身安全,聚落外建造寨墙即是其中最直接有效的手段,久而久之修筑寨墙便成为自觉。同时有形的寨墙亦明确划分出宗族的边界,增强村落的领域感,这对血缘聚落内聚力的提升有着重要意义。

屿北环绕村周建有寨墙，长约2000米，平面大致呈长方形，东西较长，南北较窄，高约2米，自下而上有明显收分，底宽约0.9米，顶宽约0.5米。寨墙完全由岩坦溪的卵石垒筑，外层卵石较大，中间用小块卵石填充，卵石之间以黏土黏结以增强整体性。同时，为增强寨墙的防卫性，墙身每隔数米便留有铳眼，便于瞭望观察，攻击入侵者。此外，墙根下也留有许多洞口，与墙内侧横跨环路的排水沟相通，便于将村内的雨水排向寨墙外的沟渠内。寨墙上开有多达九座寨门，东、西、南、北各方向都有一处主要寨门，除此之外还依据具体需要开设其他寨门通向邻村和农田。九座寨门中南侧寨门最为重要，它曾是村落的正门，自水口蜿蜒而至，与东北侧山冈上的风水林直接相对，进入寨门便可以看到位于高台上的尚书祠。一般作为正门的寨门都会做重点处理，华丽者若芙蓉村的溪门，为三开间的两层楼房，上层是敞轩，底层明间设有台基，可供车马出入，俭朴者如苍坡村大门，只用原木构架建双柱门。屿北正门只在两侧寨墙上搭接一块石板形成宽不到2米、高2.5米左右的门洞，其他再无构件与装饰，简单得让人吃惊，应该不是最初的面貌。和南门一样，屿北其他寨门都距各房祠堂不远，进入寨门，通过环路或左或右便能来到使子孙获得归属感的祠堂前，面对自己先祖神位的所在，所有在外的辛苦都因心灵的回家而得到缓解。

修筑寨墙首先是为了防御，屿北寨墙与护寨河及周围自然环境构成一个复杂有序的立体防御格局，使整个村落成为攻防兼备的城堡，保护着汪氏子孙千余年的安宁。防御体系第一道防线由村南屿山和西南尚山形成，两山隔岩坦溪掎角而对，一边是悬崖绝壁，居高临下；一边是激流汹涌，仅留一人能过的陡峭曲折山道进村，并且在屿山上很远就能观察到岩坦、东岙方向的情况，易守难攻。第二道防线是环抱屿北的外围池塘群和烂泥田，这里地势开阔，低洼沼泽，田地陷深过肩，四周一目了然。把村外水口附近的殿前桥、三条桥的桥洞堵上，水位就迅速抬升，池塘和烂泥田顿时成为一片汪洋，形成天然防线。第三道防线是紧贴寨墙的护寨河，河宽约3米，深约2米，水由村北尖坑底山、村东北后坑山汇集

■ 图5-34　寨墙一

后引来，由北而南从东西两侧环绕村庄。河上设多座桥梁，与寨门相通，如南门外有南门桥，因与正门相连所以来往行人较多；北门桥与寨墙北侧寨门相连，通向新坵，所以又称新坵桥，桥下川水溶溶，向南流淌，不远处转回向西，和大川汇合于村西，俨然官带。东寨门外是东门桥，与通向东岙村的大路相连，桥面石板侧面刻着一行碗面大小的字，因岁月久远而字迹模糊，不能辨认。寨墙西侧寨门外是大坑，即西门桥，它是岙北村最高的桥梁，亦是这个古村西北出入的要道，桥以石板横跨两岸，桥头建有岙北武装起义纪念碑亭，村中居民日出而作、日落而息都要经过这座桥。这些小桥是进出古村的必经之路，战时可随时切断，增强村落的防御性。寨墙即是防御体系的第四道防线。虽然楠溪江流域很多村落都设有规模不等的寨墙，但同时具备寨墙和护寨河的古村落据现有资料仅岙北一例，足可

■ 图5-35　寨墙二

千堂万户　一屿为郭

第五章

137

见其珍贵。通过寨门进入村内则是一条环形护村路，这应该是第五道防线，当外敌入侵时这里就是战斗的壕沟，寨墙转而成为掩体，路面由大块卵石铺砌而成，因岁月的磨砺，石头异常光滑。护村路后是用卵石垒成的祠堂、民宅等建筑，这是防御体系最后一道防线，用于保护村落的核心部分，以防敌人攻入村子后对乡民的直接威胁，而村中核心建筑都位于高台之上，与护村路落差达1.5米，占据较高的地势更容易使乡民获得心理的安全感。毋庸置疑，在这一系列的防线中，最具防御性的当然还是寨墙，因此，村落建筑都建在寨墙内，而寨墙之外不再建造房屋，当宗族繁衍人口增加到村内无法承受时，就要有一些人迁出另建新村，而原村范围不会改变，据《汪氏宗谱》记载，屿北确曾向外数次移民，今日我们在寨墙外看到的一些房屋建造年代较晚，故不在此列。事实上，寨墙修建的起因是为防御太平军而建，而建成后用于宗族防御的机会很少，倒是在20世纪的抗日战争中起到了重大作用，先后在村子里发生过大小战斗5次。

除防御功能外，寨墙还有其他功能，塘湾《郑氏宗谱》中的《新

■ 图5-36　寨门

城记》曾说："是城也,可以为屏藩,可以为锁钥,可以为村坊之风脉,可以为洪水之堤防,一举告成,百端藉利,殆有合乎王公设险以守其国之道欤?"由此可知寨墙不单用于防御,还可以用于防洪和辅助乡民的日常生活。防洪是沿江各村的大事,寨墙便兼防洪堤,屿北寨墙下部砌筑较厚,且卵石黏结紧密,洪水逼近的时候,能有效抵抗水浪的拍打。此外,屿北寨墙、护寨河、小桥还构成一个个完整的公共生活空间,寨墙各出入口的桥边设汀步,便于村民亲近,村妇在这里洗衣闲聊,孩童们在这里抓鱼嬉戏,至今各寨门河边

■ 图5-37 汀步

中尚存有一些方形花岗岩插杆石,旧时插放竹、木杆,上挑灯具,提供村民夜间出入的照明。

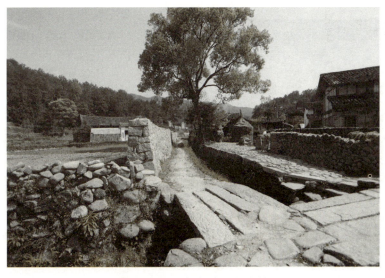

■ 图5-38 寨墙、寨河与小桥

七、形式各异的其他建筑

（一）墓葬建筑

所谓丧葬是专指父母亡故，如何居丧守孝，如何依礼归葬。凡关此事多载于经典，详于史传，孝子仁人，莫不遵守。《周礼·春官》云："居丧未葬，读哀礼。谓朝夕奠下室，朔望奠殡宫，及葬等礼也。"因汪氏始祖关系，屿北受封建正统儒学影响至深，从古至今丧葬事宜多遵照古礼执行，相应屿北一带墓葬建筑也体现出特有型制。

1. 尚书坟

屿北尚书坟有两处，分别是汪应辰、汪应龙兄弟合葬墓和应辰子汪逵、汪邃合葬墓，因"一门三进士，父子两尚书"，故都称为尚书坟。两者规模不等，但型制相同，都反映了封建儒学礼仪，亡者虽解甲归田来此避难，但朝野大员的威仪还是不能省略的。

汪应辰、汪应龙合葬之墓，位于屿北村后塘湾东面山麓，背靠屿山，面朝西山。始建于南宋，重建于1380年。整个墓群坐西朝东，平面呈纵长方椅形，宽约30米，整个序列进深达70余米，占地面积2100平方米。墓群由墓道、墓园、墓穴三部分组成。墓园宽约30米，长

■ 图5-39　尚书坟

达25米,轴线对称,轴线前侧布置一座石牌坊,面阔一开间,一条用山石墁地的甬道从中间穿过。甬道宽2.3米,长25米,直达祭台,甬道两侧对称布置石狮、石羊、石马等石像。甬道尽端即为祭台,以花岗岩条石垒筑,宽2.5米,长约1.7米,高出地平面0.8米,在南北两侧各设五级踏跺上墓坛。墓坛三级,逐级上收:第一级宽15米,长3米;第二级宽13米,长约3.7米;第三级宽11.6米,长约2.8米。每级墓坛左右两侧都设踏跺便于上下通行,地面均用山石墁地,在第一级墓坛左右两侧还各设有一对石制旗杆夹。墓穴平面为圆形,高出墓坛约1米,地面用山石墁地,两侧有山石护坡形成椅形。目前放置石碑,上面字迹因岁月久远已很难认清。整个墓区曾在"文革"期间遭到大规模破坏,至今已难见最初的面貌。

另有汪逵、汪邃合葬之墓。汪逵,字仲路,汪应辰之子,登进士及第,嘉定二年至十五年先后为朝议大夫、吏部尚书太子詹事、太子少保端明殿学士。汪邃,字子深,汪应龙之子,登进士及第,官至朝议大夫。墓群建于南宋,坐北朝南,背靠岩坦镇的眼牛山背,面对眼牛珠头,平面呈椅形,宽约24米,长约34米,占地面积716平方米,同样由墓园、墓坛、墓穴组成。一条山石墁地的甬道引向墓园祭台,甬道两侧对称布置石像生,端部则建有单开间石制牌坊。穿过牌坊便是墓园的所在,墓园平面呈矩形,宽24米,长约17米,中间有一条石桥通向墓坛,左右各建一座石碑亭。石桥宽约2.4米,长约6.7米,离地面高约1米,用十几根花岗岩条石构筑,桥底设两组桥墩,每组竖置三根条石,上横置条石承托桥面。亭平面为正方形,四角设柱,台基用花岗岩条石垒筑,较为规整,柱头上设斗拱,柱间用月梁,屋面为歇山式。墓坛宽约24米,长约8米,高出墓园地面0.4米,地面用山石墁地,后部建有祭台。墓穴平面圆形,直径约8米。

2. 荷花坟

又名徐氏坟丘,在北宋崇宁丙戌年(1106年),屿北徐氏遭瘟疫,人亡不知其数,葬于此坟中,后徐氏八世祖从屿北迁入枫林定居。与汪氏始祖相比,徐氏不过是一介布衣,所以其墓葬也相对俭朴,更接近楠溪江一带普遍的民间型制。荷花坟位于屿北村内南侧,靠近尚书祠,平面呈椅形,坐西朝东,南北宽约11米,东西长约

28米，占地面积335平方米，同样由墓园、墓坛、墓穴三部分组成。整个墓群始建于北宋，后于清乾隆四十九年重修，但"文革"期间被大规模破坏。墓园宽约12米，长约18米，高出村内道路约0.1米，基面用山石墁地。墓坛宽约12米，长约3米，高出墓园0.2米，同样用山石墁地。墓穴高出墓坛0.9米，宽约12米，长约6.5米，墓穴为坟丘状，穴前有一石坎，基座为青条石须弥座，石板面刻有如意花纹、狮子、麒麟等图案。整个墓群西南北侧由一道石墙围合，仅在东侧留门出入。

（二）其他建筑

此外，在屿北还有其他一些建筑，它们类型较多、规模较小，散落在古村的角角落落，虽然建筑本身价值并不高，但它们的存在却从侧面反映了屿北历史的久远与复杂。

1. 屿北武装起义纪念亭

位于村西护寨河外，由纪念碑和纪念亭组成，系1985年3月由中共永嘉县委和永嘉县人民政府为纪念屿北武装起义四十周年而建。1944年9月，日寇攻陷温州，瓯北县委组织民兵抗日，作为当时县委驻地的屿北民兵组织完善。1945年3月，国民党袭击屿北，民兵被迫自卫，后得闪坑、源头、岩坦等地民兵援助，击退国民党的进攻，随后县委将民兵编为游击队，开展抗日武装斗争，这次事件被称为"屿北起义"。建筑占地面积约170平方米，纪念碑坐落于一方形小广场正中，坐西朝东，平面正方形，下部三层台基逐层收缩，碑身东、西两面分别镌刻"屿北武装起义纪念碑"，碑顶置单檐庑殿顶，整体由砂浆抹面，通高约5.5米。纪念亭位于碑的西侧，坐西朝东，面阔8米，三开间，进深6.3米，单层平屋顶。明间上方为原省委书记王芳题写的"屿北武装起义纪念亭"。厅内正面墙壁为原中共瓯北县委书记胡景𬙊题写的"屿北抗日武装起义纪事"。

2. 殿前桥

位于屿北村外东南角屿山下。桥为单跨石拱桥，南北走向，用花岗岩锲形石发券，券跨达5米，高约2.5米，券两侧用花岗岩碎石填充,桥面铺砌大块花岗岩石板,宽约2米,两侧无栏杆。桥东即是屿北水口所在,故又称水口桥,古时村民多经此桥来往于岩坦,四周是村中的良田。若逢阳春三月,稻田翻滚,下傍大溪,溪边清风徐来,垂杨婀娜,美如画境,有诗云:"双水潆洄绕短堤,一桥半月挂村西。风光最是春三月,薄雾轻将杨柳迷。"

■ 图5-40 殿前桥

3. 三条桥

位于村西田野中,距殿前桥不远,是古时从西侧进屿北村的必经之路。桥以三条石板横跨沟渠而成,所以名曰三条桥,这三条石板每条长约6米,宽约1米,重约1.5吨。据说其中一块石条,由大力士周两峰从岩门背至这里,另两条是大力士戴尚乡、戴尚初两人分两次从闪坑抬到这里。据岩门《周氏宗谱》记载:周两峰生于

■ 图5-41 三条桥

明万历年间,岩门地方人。性情刚悍,自小习武,以拳术闻于世。与闪坑戴氏兄弟交往甚深。至今闪坑一带还流传着这样的谚语:"岩门周两峰,闪坑三太公,其力举钧。"因屿北殿前一带同样是闪坑通向岩坦的必经之路,故这些大力士们有可能路过时看到村民遇水行进艰难,遂抬石垒桥造福一方。

4. 下茶亭

位于村北,距村约半里许,始建年月不详,过去由屿北汪氏大宗雇专人烧茶放于亭中,以供行旅及田间耕作的村民饮用。时光荏苒,岁月沧桑,如今亭宇早已破败倒塌,遗址几已不存。唯亭前有路名"茶亭堪"提醒着后人这座建筑曾经的存在。

5. 结义亭

位于村北,建于清嘉庆年间,因距下茶亭仅百米,故又称上茶亭。亭名"结义"是因为村民汪从益与八人成为结义兄弟,为此而修亭纪念,同时供行旅之人休憩使用。结义亭曾被狂风刮倒,毁坏严重,后汪从益子汪耕芸加以修复,并请文人金岩峻赋亭记一篇,以示对自己父亲的纪念。如今我们可以从这篇"结义亭记"中了解这座建筑的来龙去脉:

> 违屿北村数百步,有亭曰茶亭。由茶亭而上又违数百步,当横山之衡,复有亭焉。乃当日汪从益公以结义弟兄八人相与而成……其所以建此亭者,盖欲假此以垂久远,示人以义之不可忘,亦犹昔之人以喜雨名亭,以丰乐名亭之意云尔,然则此亭我即谓之结义亭可也。后此亭为大风所扑,几于荒废湮没,不复知有所为结义亭者。幸从益公之嗣君耕芸先生者,体乃父意,遂毅然起而再成之。是时共事赞襄,若宗愈、宗乾诸公,踊跃相从而鸠工匕材,资费出自耕芸先生者居多,则耕芸先生亦可谓重义人尔。……予因其亭以结义故以创始,以结尤在义故而再造,且以结义故而作记,以垂诸久远。夫皆有志于天地之正大之气,而桃园之风尤在人间,此吾之所以名其亭为结义亭也,亦将以示后人往来此亭,知当日之结义弟兄如从益诸公者,夫诚足以风世矣。

八、肇于实用的建筑构造特点

屿北村的各类建筑均为木结构为主,和楠溪江流域其他村落一样,民居程式化程度很低,并且没有遵守明清以来所谓"庶民住宅三间五架"的规定,住宅多为五间七架或九架,并且在腰部出檐、山墙做披檐,形成类似重檐歇山的形式。《鲁班经》有诗云:"九间五架堂九尺,万年千载福绵绵。"屿北村的建筑具有深厚的历史渊源和精湛的薪传技艺,从大木构架到小木作装修,都保留了大量古老的做法,如上昂、卷杀、柱与屋脊的生起及柱的侧脚等,其主要特点基本和宋式建筑相同,在明清时代官式建筑中较为罕见。

(一) 屿北建筑大木作

1. 梁架结构

屿北村民居建筑梁架结构多采用穿斗式或抬梁式与穿斗式结合的结构形式,至于采用何种形式,视房屋用途不同而异,祠堂、庙宇等建筑由于公共活动需要大的建筑空间,厅堂开间梁的跨度长,常采用抬梁式或抬梁与穿斗式结合的形式;住宅多为穿斗式构架。不论住宅抑或祠堂庙宇,山墙都是采用穿斗式构架。

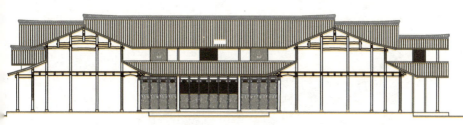

■ 图5-42 闲存堂剖面图

■ 图5-43　尚书祠剖面图

　　尚书祠为村落内等级最高的建筑，单层，正厅为九架前设一步廊，后有一步为神龛，中央主梁为五架。为扩大中央的祭祀空间，采用所谓"偷柱造"做法，横跨明间、次间的大梁跨度达6.6米，断面为方形，明显为"肥梁"。根据五架梁上的卯口和次间残存的天花，可以推测明间顶部原有平棊天花，因此其上构件并无任何装饰，梁、枋、柱榫卯连接，用料粗犷硕大。同时屿北村的建筑，还有一个特殊的做法，即无论祠堂、庙宇、住宅在明间的檐柱间均不设额枋，也不设撩檐枋（出檐与次间等长），形成一个空档，从而突出明间的特殊地位，其实这样的做法也是事出有因，《鲁班经》云：

■ 图5-44　木构架

"当庭若做穿心梁,其家定不祥。"丁俊清所著《温州乡土建筑》中提到,在整个温州都有这样的做法,明间不设额枋可以使房子产生开敞通透的效果,人站在堂内的太师壁前向外望时,应该看到门口的上槛背后映衬的天空,不应该看到柱子间的枋子、檐口或其他东西,这一说法应该是很好的注解。

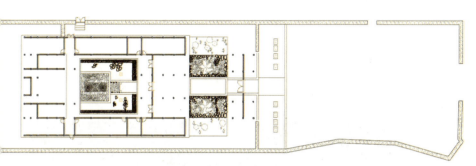

■ 图5-45　尚书祠一层平面图

■ 图5-46　茂秀堂

　　尚书祠建筑梁架的另一特点是类清式建筑中的隔架科做法，即在中厅明次间联系左右两缝梁架的阑额、门额之上施斗拱以及弯枋、素枋等，形成类似闽南传统建筑中称之为"看架、排架"的做法，构成建筑中纵向的稳定系统。但与闽南传统建筑中看架做法的不同之处是有斗无栱，同时与隔架科也不同，即在门额之上直接（无荷叶墩）置二个高斗欹坐斗，斗上承雀替，施连续的弯枋或素枋，横向则向前后两侧伸出耍头，此耍头乃精雕细刻而成，类似转向的斗抱，其上再承托一斗，斗上横向两侧另出蚂蚱头与替木相交，再上即为檩枋。尚书祠建筑中的这种做法并非个例，在楠溪江一代的宗祠和寺庙建筑中此种类型多有发现，陈志华在楠溪江中游古村落鹤湾村宗祠内神龛处也有发现。

■ 图5-47　尚书祠"看架"做法

　　一般民居多为两层建筑，九间九架，前后在楼层高度各出腰檐，檐宽度2米—3米不等，木构架多为穿斗式或混合式，山墙则一律为穿斗做法，这样可以采用直径稍细的木材。构架中除檐柱外，各柱之间用地栿、穿枋连接。前后廊的设置出于当地气候特点和

生产、生活的需要，因此所有住宅前后都
设廊道，并加大出檐。檐廊部分构架做法
一般在檐柱头坐栌斗，承托其上月梁及
檐檩，前出华拱承托散斗，其上承托撩檐
枋。月梁的另一端插入金柱，梁下少见斗
拱，多做成雀替样，并有半月形梁眉；檐
檩和撩檐枋下由斗中伸出的雀替承托。
檐廊顶部做成轩的形式，由月梁之上的
两朵斗拱承托轩梁和枋。值得说明的是
无论正房还是厢房，撩檐枋只在次间设
置，明间部分并没有撩檐枋，而檐廊宽度
与次间相同，由此可以分析，次间撩檐枋
只是为了正厢房檐廊交接转角处承托角
梁而设，转角处的角梁由角柱伸出的45
度斜撑以及两侧撩檐枋和檐檩承托，结
构合理，做法巧妙。

■ 图5-48　转角梁做法

岫北
建筑中柱
子以圆形
木柱较为常见，室内的柱多为抹圆
角方柱，年代较早的民居则常为方
柱。不少建筑中柱径上下不一，略
带卷杀。草架中抬梁式构架常做抱
头梁，其上承檩，穿斗式构架则柱
头直接承檩，只在檐廊及檐口处的
檐柱上安圆形或方形栌斗，栌斗的
形式一般对应于柱的断面形式。某
些建筑中因柱头众多梁枋交接、榫
卯集中，在栌斗或柱头上缠有一匝
当地人称为"白藤"的藤条，用来防
止柱头或栌斗的开裂。

■ 图5-49　木柱础

■ 图5-50 石柱础

台基上凡立柱子的地方必有一块方形的柱顶石，柱下又有柱础。屿北建筑中柱础的材质有木、石两类，这种木质的柱础又称为木楻。这种木质的柱础只在明代的民居中出现，形状为方形，只是因为年代久远，部分已经腐朽，轩贤堂已经更新为石质柱础了。石质柱础既便于雕琢，又经久耐用，因此普遍采用，且形式多样，一般民宅中多为鼓形和花瓶式柱础，但也有些柱础雕刻华丽，且高度较大，如三进九明堂遗址处发现的柱础。

祠堂、庙宇等建筑中，除了正殿、戏台等处施藻井之外，其余部分为"彻上露明造"，所有梁架构件用料较大，一般采用小式做法。民居建筑多为楼阁，且楼上并非起居之处。檐廊部分露明的梁枋多数做成月梁形式，这也是屿北建筑中共同的特点。月梁中央上部的曲线平缓，向两端曲率渐大，底面为弧面，向两端渐进为双曲面，中间突出一条曲线与雀替端部中间的曲线相接，两侧则向两端逐渐衍变成平面，插入金柱或柱头铺作。建于清末的翕和堂中尽管还有月梁的形式，但已没有了如此华丽的装饰做法。在祠堂庙宇等建筑中月梁的侧面两头各作阴刻的曲线，似琼叶卷草，又似长龙吐絮，极富装饰性。

2. 铺作

屿北村民居建筑中的铺作颇具宋风，虽然历代帝王都严禁庶民住宅施重栱藻井，到明代更禁止任何斗拱的使用。但是屿北的建筑中斗拱的使用则很普遍，宗祠、庙宇、戏台上的斗拱华丽有加，民居的铺作则比较实用、简洁，同时在许多住宅的大门上都有砖砌并覆灰批的斗拱,起到很好的装饰作用。

建筑中的铺作分为柱头铺作、补间铺作、转角铺作。一般民居的柱头铺作只是简单的一跳斗拱,《营造法式》称之为"斗口跳",即栌斗横出泥道栱承托柱头枋和檐檩,纵向外出华栱一跳,跳头上施令栱,替木承撩檐,向内减栱承月梁,月梁与令栱上的耍头连作与横向的各枋相交加固,耍头

■ 图5-51　灰塑斗拱

作麻叶头。民居建筑的正厢房檐廊交接处,坐斗仍在柱头上,向两侧出栱承托撩檐枋,另在柱头下穿枋的位置出45度斜撑,但在补间铺作只出现在祠堂庙宇以及门楼的砖雕中,一般明间均为两朵,次间由于开间稍小,只有一朵,完全符合《营造法式》的规定。转角铺作只用于戏台等建筑中。

3. 斗

屿北民居建筑中使用的斗依照外形区分,有圆斗、方斗两类,并且似乎不论年代,各时期建筑都有,大斗的形式一般对应于其下柱的断面,散斗则一律为方斗。唯方斗平面有的呈长方形,似不多见,如尚书祠梁架上的斗,斗底斗口平面均呈长方形,长宽比例大约3:2。圆形栌斗的做法比较古老,在宋《营造法式》中有记载,之后的官式建筑中少见。而且无论何种外形,斗的斗欹均为内凹,这也是江浙一带建筑区别于明清北方官式建筑的特点。《营造法式》规定斗高分为10份,其中斗耳:斗腰:斗欹为4:2:4,然而在尚书祠额上和月梁上的坐斗按高度比例约为4:3:9,从外形看,呈现出明显的"浅斗耳、高斗欹"的形式。这种形式的斗出现在此处,其实是为了省却蜀柱,抬高枋而已。

4. 皿板

斗底用皿板之制，在战国、两汉的建筑中经常可以见到，但北方唐代以后已基本消失，《营造法式》中也未见记载。皿板放置于柱头之上端，栌斗之下端，作用在于扩大斗底的受载面，同时微调斗拱的高度，是一种极特殊的构造方式之一，可以使整体结构稳定。而在闽粤建筑体系之中皿板多数已经演化与斗成为一体，并形成为斗欹与斗底处向外突出的一两道称之为"倒棱"的线脚。但在楠溪江流域变形的皿板未见，倒是在屿北尚书祠中厅的梁架中就发现有皿板出现，其位置在额枋之间补间铺作的斗座之下，呈仰俯莲花状，且在横枋与穿枋之上高度不同，故此处皿板的作用主要用于调节斗拱的高度。在山西文水县文庙中也有相同位置的皿板使用，而且皿板的形状"刻作古玩座形，当亦是当地匠人，纤细弄巧做法之一种表现"。由此看来皿板的形状并无定制，只是根据匠人的嗜好而定，而且就目前所知皿板的形状未曾有如莲花者，由此联想屿北先民规划建造莲花出水的屿北村落的思想，是否在尚书祠这一古建筑的细部也有所体现呢？

■ 图5-52　皿板

5. 栱

栱的形式在建筑中可谓变化多端，华栱或者丁头拱往往成为极富装饰性的构件，特别是门楼上的砖雕灰塑斗拱，装饰更为丰富。屿北宫戏台部分的华栱连出两条承托两道撩檐枋；一般民居的檐廊转角部分的斜栱往往是雕刻工匠表现自己技艺的重点，各处民居式样均无雷同；门楼的栱上承托的是花篮、果品，或者干脆栱本身就变化为花篮，室内梁下的栱则由木雕遮盖或者代替。

6. 上昂

《营造法式》中载有：上昂"如昂呈挑斡者，施于内跳之上及平坐铺作之内"，确定了上昂一般用于内檐及平坐，主要用于解决铺作层数多而内跳斗栱过高时，减小内檐斗栱出跳长度的问题。从营造法式看，上昂实际上是斜插在跳头斗口中的斜向构件，不仅可以用来支撑耍头前端和令栱之底，补华栱载重之不足，还可以防止令栱下垂。可见其确实有结构作用。然而上昂的做法，在宋代就已很少采用，留存的实例不多，仅苏州玄妙观三清殿等少数建筑中出现。至元代及明代建筑中便不断符号化，明中期到清代时期，更仅剩六分头、菊花头等形象遗存。而在屿北村的屿北宫、尚书祠以及民居"苏州楼"(禄德堂)各处的藻井中，上昂的使用可谓一种活的标本，为支撑起藻井井枋，并减少斗栱出跳的长度和高

■ 图5-53　上昂

度,由柱头栌斗之上檩枋之下斜向上伸出双上昂,下层上昂顶部
承托散斗,出泥道栱两跳承托一层井枋,向内承靴楔以垫支上层
上昂,上层上昂头支撑交互斗,承托藻井枋框。在双上昂的昂头之
下有覆莲销贯穿上昂昂头、散斗及其上的两跳斗栱以及藻井枋。
所谓覆莲销,是将上昂的昂尾与其上层叠合上昂以及木枋贯穿起
来的木栓,是加强构件的相互联系,增强牢固性的构件。

7. 替木

潘谷西先生曾指出,柱与檩交接处的节点用丁头栱上承替木
再承托檩条的做法,江南明清民居中经常见到。楠溪江一带的民

居在柱与穿枋、檐檩
或檐枋以及楼板梁下
均采用单斗或单跳斗
栱上承托替木的做
法,也有直接在穿枋
下设替木的做法。替
木端头常雕作尖舌
状,并有反勾。《营造
法式》称脊檩、金檩下
的这种替木为"脊
机"、"金机"。此种做
法类似于闽南建筑中
的鸡舌状替木,最早
见于莆田玄妙观宋代

■ 图5-54 雀替

三清殿的内檐斗栱上,闽南建筑中称"鸡舌"、"鸡舌栱"。替木的出
现本意为减小檩与枋的跨度,然此种鸡舌状替木的存在已经失去
了结构的作用,演化为纯粹的装饰构件。屿北村的所有明清民居
建筑中,凡需要进行装饰处理的檐廊额枋、角梁、室内楼板梁下,
乃至藻井井枋两端均有这种形式的替木出现。

(二) 屿北建筑屋顶做法

屿北民居的建筑进深较大,梁架多数为九架,屋面过大自然

会感觉呆板单调，但是由于屿北村的建筑从祠堂、庙宇到普通民居，甚至简单的门楼等屋顶均采用举折和生起的处理，使屋面形成优美的曲线，整个村落的建筑也就显得生动飘逸，充满了特殊的韵味。举折、生起是中国传统建筑屋顶的突出特点。所谓举折，"乃梁架逐层加高而成，称为'举架'，使屋顶斜度越上越峻峭，越下越缓和"，从山墙看去，双坡屋面呈一个微微弯曲的人字；生起是建筑的柱高由中央向两端逐渐升高的做法，从房屋正面看去，檐口和屋脊呈两端微翘的一条缓和的曲线。这样的做法使屋面生动而有灵气，并且充满了张力。

■ 图5-55　重檐屋顶

　　村内建筑的屋顶多数均为悬山顶，之所以采用悬山顶，主要是将屋顶悬出于两侧山面柱头之外，保护山面梁架和竹编造的山墙免受雨水侵蚀。按照《营造法式》的规定，出际的长度和房屋进深、山尖高度有直接关系：房屋深，山墙宽，则山尖高，出际也应该长；房屋浅，山墙窄，山尖低，则出际也可以短。屿北的建筑由于进深大，同时多为二层楼房，因此建筑两山面出际一般较大。也有一些建筑在山墙中部设腰檐,但明次间突起的屋顶部分仍为悬山顶做法。悬山屋顶的出际部分由于檩头直接暴露在外,为防止雨水淋湿,屿北的建筑大都直接在各檩头挂瓦一片,并不设置搏风、悬鱼等,省却了繁杂的装饰,做法简朴而具山野之气。

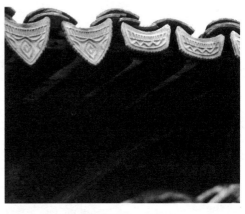

■ 图5-56　挂瓦

建筑的屋脊做法,无论何种式样,均可以按照纵向位置区分为脊头、脊身两个基本的构造部分。所谓脊头,即屋脊两个端头部分,或平直、或起翘,往往是屋脊的重点装饰部位。屋脊中除脊头以外的部分即为脊身,脊身的正中又可称为脊中,一般也是屋脊装饰的重点。屿北建筑的屋顶由于屋架的生起,脊头多起翘,但是一般建筑的屋脊做法非常简单,仅在屋脊位置扣几层瓦而已,两端的吻饰用脊瓦随屋脊的起翘而微微翘起,并无其他任何装饰。在宗祠、戏台以及一些普通民居的门头上,小屋脊的装

■ 图5-57　钟寿堂门

饰倒是颇下了一番工夫,门头的屋脊起翘是必需的,脊身部分也颇多装饰,采用花草之类的镂空灰塑,脊头一般均用鸡头、兽头之类,也是灰塑而成,且所塑鸡头、兽头,完全忠实于实体,毫不夸张。

(三) 屿北建筑砖石、泥作

1. 墙体

屿北建筑中的墙体主要有蛮石墙、竹编墙、砖墙三种,其用材、构造和审美情趣不同,颇具地方特色。

鹅卵石是楠溪江中的"特产",温州人称涧溪为"卵石垄",大小楠溪遍布卵石,成为楠溪江流域古村落取之不尽的建筑材料。屿北村西侧即为楠溪江,因此卵石墙体成为村落建筑的特色。在村落中几乎所有建筑的后檐墙、山墙以及院墙均为卵石、蛮石墙体,砌筑高度一般在2米左右,砌筑时不用灰浆、泥浆和填料,墙体自下而上缓缓收分,

■ 图5-58 砖墙

■ 图5-59 "竹编造"与蛮石墙

下面的块大而粗壮，渐上渐小，下面的仿佛乱砌，到了上部巧妙地形成有规则的渐变人字纹、自由人字纹和席纹组合墙。乡村的匠人们利用卵石形状大小各异、色彩深浅不同的本色，将千万块石头组合在一起，形成凹进凸出、轮廓优美、图案丰富、阴影变化多端的墙面，呈现出石材的自然之美，同时又不失粗犷，整体风格浑然和谐，可谓是"宛自天成"。

　　砖墙的运用在屿北村中不多，公共建筑和大宅中有出现，且集中在山墙、院墙的上部以及门楼的砌筑。砖墙以空斗砖墙形式砌筑，往往采用一眠多斗和三顺一丁的形式，个别院墙体由于只在蛮石墙顶部砌筑，高度一般1米左右，所以全部采用顺砖无眠空斗形式，只在顶部做叠砌才有眠砖。采用这样的砌法，主要是由于砖墙不承重，无需考虑受力问题，二是节省材料。值得说明的是，楠溪江流域乃至温州地区的建筑用砖过去多用青砖，青砖的烧制尺寸与别处有所不同，一般长为25厘米，宽度为7.5厘米，厚度为5厘米。砖坯以两倍厚度制作，中间留缝两端相连，烧制好后砌筑时瓦工以瓦刀插入中间的缝隙撬开始为两块。此种做法大抵是由于

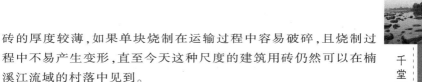
砖的厚度较薄,如果单块烧制在运输过程中容易破碎,且烧制过程中不易产生变形,直至今天这种尺度的建筑用砖仍然可以在楠溪江流域的村落中见到。

在建筑的后檐墙、山墙尖、栱眼壁等处大量采用竹编墙也是屿北村落建筑的一大特色。此种墙体的做法系以竹片经纬编织成骨架,外抹泥灰,乃《营造法式》竹作中的"隔截编道"型制。宋《营造法式》详细规定了竹片用料和编制方法,泥作制度中确定了用石灰泥壁之制。屿北建筑中的竹编泥墙做法悉遵古制,颇具古风。

2. 室内地面、院落与道路铺地

屿北建筑中室内的地面做法甚为简朴,多数采用夯实泥土地面。据当地匠人说,屿北村附近有一种红土,黏性好,故加水适量和之,然后淋上盐卤,拍打赶光。干燥之后有时会有些许裂缝,用的时间久了,地面可能会凹凸不平,但是没有关系,隔一定时期可采用同法修补。地面材料及其做法是屿北乡民根据长期的生活实践,同时又结合当地的自然经济条件总结得来的经验。

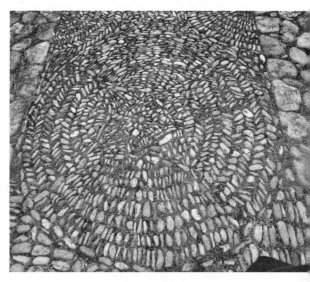

■ 图5-60 卵石铺地

楠溪江一带多雨,因此院落和路面的铺砌至为重要。院落中的铺底一般人家即以较大的石块,散乱铺砌,没有一定规律,倒也显得质朴自然;祠堂、庙宇以及一些富裕人家的院落则采用较小的鹅卵石铺砌成各种图案花纹;三进九明堂的屋主原为村中的大户,个别院落内的铺地全部采用了条石,但这种情形并不多见。村落内外的路面也都是采用卵石铺就，一般的做法是采用尺寸大小不同的卵石，尺寸大者铺在路中心，起着引导和强调道路方向的作用，两侧则以较小的卵石铺砌。道路、院落以及墙体的材料以乱石为主，无论身处院落内外，除了屋顶和木板壁以外，几乎与人接近的下垫面层全部为卵石所占据，一切都显得那么朴素、亲切、自然和具有浓厚的乡土气息，展现出一个粗犷的石头艺术世界，人们在享受着利用自然和改造自然的乐趣的同时，创造了一种自然野趣。

■ 图5-61　条石铺装

　　屿北建筑的台基一般不高，大约都在30厘米到50厘米左右。檐廊下台基面层做法同室内地面。在明间前，有台阶供上下，一般根据台基高度有两到三个踏步，台阶的形式往往是中间为踏步，两侧设垂带石。垂带石的形式多样，运用较多的是类似抱鼓石的形式，只不过那面鼓的断面实在小了一些，有时如果不加注意，可能会看不出来。也有的建筑台基高度较低，这样就无需设置台阶。

■ 图5-62　台阶

3. 蛎壳灰

用蛎壳、蚌壳等烧制成的白灰,古称"蜃灰"。据称,我国利用贝壳烧制的白灰,在春秋战国时就已为人们所认识,早在北宋泉州建造洛阳桥时就用了蛎壳灰。《天工开物》第十一卷《燔石·石灰》中云:"凡温、台、闽、广海滨,石不堪灰者,则天生蛎虫豪以代之。"(虫豪即蚝,指牡蛎)《天工开物》指出了它"固舟缝"、"砌墙石"、"垩墙壁"、"襄墓及贮水池"以及"造淀、造纸"等方面的用途。而《弘治温州府志》亦云:"蜃灰出沿海四县,凡筑室为瓦、为墙、为池、为沟,靡不用焉。其为舡则捣以桐油,如胶漆泯其罅,入水不漏,功用甚博。较之他州石灰之用,尤为坚缜。又瓷器之久旧者,最宜以蜃灰白之。"由此可以看出,蛎壳灰是我国沿海地区一种重要的传统建筑材料。温州虽缺乏石灰石资源,但蛎壳资源得天独厚,是全国贝壳资源最丰富的地区之一。

屿北古村虽然地处楠溪江上游,其地至海边仍有一定距离,使用蛎壳灰也需要从中下游运输而来。然而这并不妨碍蛎壳灰成为墙体建设的主要用材,在砖墙砌筑、竹编墙的泥作、砖门楼的修建等处无不采用蛎壳灰。由于蛎壳灰往往比石灰更加洁白光亮，故当地俗名白玉，现存古建筑中的蛎壳灰罩面除去表面的浮尘之后，依然色泽鲜明。

4. 漏窗

在屿北村，民居建筑室内分隔为"前寝后灶"，为了解决厨房的通风采光问题，同时考虑到后墙对着院外，所以常常在砖石墙上开设漏窗。漏窗的位置多数在石墙之上，而且漏窗的尺度也比较小，一来因为窗口对外，要考虑安全问题，另外在卵石墙上开窗且无过梁，往往利用漏空花砖本身支撑其跨度受到一定影响。漏窗的做法系采用当地薄而狭长的青砖，拼成图案，同时为弥补砖块之间的缝隙可能造成图案不完整而带来的缺憾，外面均以灰浆罩面。屿北建筑的漏窗尽管形式各样，但多数以直线条为主，风格总体上朴素简洁。

（四）屿北建筑装饰做法

1. 门窗隔扇

楠溪江一带的民居建筑特点是开敞，一般建筑的明间开门，次间、稍间开窗。但无论门窗一般都采用隔扇，隔扇门和隔扇窗的高度上抵额枋，下达地栿。在建筑立面中占有相当重要的地位，按照梁思成先生的说法，门窗隔扇在中国建筑中一概叫做装修。因此对于门窗隔扇的装饰处理自然比较重视。门窗隔扇一般五抹头，由涤环板、隔心、裙板组成门扇，与一般门窗隔扇不同的是，隔扇上端两层涤环板，下部为隔心和裙板。装饰集中于隔心上部涤环板和隔心，而下部裙板一般不做装修。

隔心上方的涤环板多采用浮雕装饰，题材涉及戏曲、人物、花鸟、动物、山水等，饱含着吉庆、祥和、平安、长寿之意，表达了屿北乡民对生活的热爱和对理想的追求；在苏州楼等建筑的涤环板图案中还有文房四宝、琴棋书画以及渔樵耕读之类，充分体现出屿北村落乃至楠溪江流域耕读文化传统的意蕴，展示了它所体现的群体文化心态。

隔心，民间亦称"花心"，是隔扇中雕饰最为精美的部分。在边梃抹头之内有仔边,中间由棂条组成,是隔扇通透的部分,有利于室内的采光通风。尽管屿北建筑中隔扇的装饰风格朴素,没有太多的奢华,但是仍有直棂窗、破子棂窗、一马三箭窗以及步步锦、龟背锦、冰裂纹、海棠纹、寿字纹等形式。

2. 天花藻井

屿北村民居建筑往往于底层前廊作轩,前廊轩顶形式在明代建筑中由于层高较低,用朴素的平板作轩顶,清式建筑中则有覆云轩、卷棚轩等形式,与下部露明的月梁、檐枋等一起称为整个建筑中装饰的重点。室内天花在正堂太师壁前与卧室内处理比较简单,即在楼板梁上铺板,讲究一点的做法是在大梁上设坐斗,坐斗中承雀替,上架楼板梁。但在太师壁之后,因系餐厅所在,一般高出正堂部分天花高度,且经过装饰处理,做成方形浅藻井,藻井枋由纵横两向伸出的上昂或华栱承托。也有一些建筑斗中不设昂拱,而是作木质雕刻掩盖斗口部分。屿北宫大殿以及戏台天花的装饰较为华丽,做法是由四角铺作及补间铺作斜出双上昂,下层上昂承托交互斗,出泥道栱承托下层井口枋和上层上昂,上层上昂承托交互斗出华栱和泥道栱承托井口枋和平棋方格木。方格内绘花草人物,栩栩如生。

3. 灰塑

灰塑,又称灰批。灰塑,据称是源自闽粤一带的建筑装

■ 图5-63　天花藻井

饰技艺，在浙江温州、台州、金华、衢州和安徽皖南一带建筑中都
有出现，灰塑如何从闽粤流向各地尚待考察。灰塑一般以石（或蛎
灰）为主要材料，拌上稻草或者草纸，经反复锤炼，制成草根灰、纸
根灰，据工匠介绍，较高档的灰塑材料则以石灰、猪血、蛋清、麻筋
等调成，可经历百年风雨而完好。并以砖、瓦筒、铜线为支撑物，有
时和砖雕混合交替并用，在建筑物上进行雕塑，表现形式有多层
式"立体"灰批，有浮雕式"半沉浮"灰批，也有单个造型的"单体"
灰批等。在屿北古村，灰塑的部位常见于屋脊、门楼和院墙顶部等
处，尤以祠堂、庙庵、寺观和豪门大宅之较多。屋脊部分，多以龙
鱼图案装饰，取克火之意；檐下斗拱则以山水、花草图案为主，具
有浮雕的艺术效果，玲珑通透，层次分明。

本章参考资料

[1] （宋）戴蒙：《楠溪暮春》，转引自《千年屿北》，浙江大学出版
　　社，2006年

[2] ［英］李约瑟：《中国科学技术史》，转引自王立：《古村落布局
　　中的象征表达》，《重庆建筑大学学报》，2002年第3期

[3] 《绘图鲁班经》，上海鸿文书局印行，中华民国二十七年九月初
　　版

[4] 丁俊清，肖健雄：《温州乡土建筑》，同济大学出版社，2000年

[5] 曹春平：《闽南传统建筑》，厦门大学出版社，2006年

[6] 陈志华：《楠溪江中游古村落》，生活·读书·新知三联书店，
　　1999年

[7] 张驭寰：《古建筑的皿板》，《房材与应用》，2005年第1期

[8] 林徽因，梁思成：《晋汾古建筑预查纪略》，《林徽因讲建筑》，
　　九州出版社，2005年

[9] （宋）李诚：《营造法式》，人民出版社，2006年

[10] 郭华瑜：《明代官式建筑大木作》，东南大学出版社，2005年

[11] 余英：《中国东南系建筑区系类型研究》，中国建筑工业出版
　　社，2001年

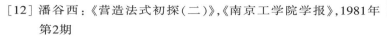

[12] 潘谷西:《营造法式初探(二)》,《南京工学院学报》,1981年第2期

[13] 俞光:《古代瓯越先民的又一杰出贡献——发明蛎灰当属温州》,《温州日报》特色专版,2004年8月8日

[14] 梁思成:《清式营造则例》,清华大学出版社,2006

[15] 浙江工业大学建筑系:《屿北古建筑测绘报告》,2006年

[16] 邱国珍:《耕读文化与人居环境的互动关系——以楠溪江流域古村落为例》,《温州师范学院学报》(哲学社会科学版),2001年第5期

[17] 刘沛林:《古村落:和谐的人聚空间》,三联书店,1997年

[18] 俞孔坚:《理想景观探源》,商务印书馆,1998年

[19] 王深法:《风水与人居环境》,环境科学出版社,2003年

[20] 俞义等:《地杰人灵的江南古城——析古慈城的人居环境》,《城市规划》,2003年第7期

[21] 何晓昕:《风水探源》,东南大学出版社,1990年

[22] 李东、许铁铖:《空间、制度、文化与历史叙述》,《建筑师》总115期(2005年3期),中国建筑工业出版社,2005年

[23] 陈志华:《楠溪江上游古村落》,河北教育出版社,2004年

第六章　寄情山水　以文益美

——屿北的景观与艺术

一、山水空间的意境追求

　　农业文明亲近大自然的传统通过乡绅的升华，使山水可游、可居，自然可法、可赏。何况屿北坐拥楠溪江两岸山明水秀，月白风清的自然景观，社会政治生活又相对稳定，农业经济发展稳定，有文化有抱负的汪氏先民更有闲情逸趣从自然中寻求精神上的慰藉。自状元定居屿北后，屡受迫害的汪氏先祖对自身命运难以把握的忧虑，交织着对闲雅高逸的人生境界憧憬，从而转向到秀山丽水的大自然中的澄澈空明、幽邃深远之美中去寄托情怀。而山水明秀的楠溪江，为士人提供了解除忧愁、身心放松的大环境，使人怡情悦性、流连忘返，尽情享受大自然之美。

　　江南传统村落表现出对自然山水的依恋和钟爱，田园、山水是作为村落居住的大场所和景观的大环境而存在的。村落的选址不仅在山环水绕之地，且大多是风光旖旎的山水胜地。从晋代以来就不断有中原士人迁移南来定居楠溪江，其"山川之美，古来共谈。高峰入云，清流见底。两岸石壁，五色交辉。青竹翠林，四时俱备。晓雾将歇，猿鸟乱鸣，夕日欲颓，沉鳞竞跃，实是欲界之仙都，自康乐以来，未复有能与其奇者"。

　　生活在秀山丽水的楠溪江畔，屿北先人们对山川草木的美非常敏感而珍惜,用古代氏族村落常用的"十景"、"八景"来营造一幅幅美丽的图画和美的意象,追求村落与自然环境的和谐。屿北古村的外部景观环境呈现生态自然和田野村落的特征,外界的时序更替,阴晴雨雾,物候万千;田野的稻浪翻腾,枝头新绿,草木花盛和天上的云影,远处的山岚,暮日的炊烟,绵延的滩林一起勾画出楠溪江流域深处这个血缘村落朴实无华的自然景观。

■ 图6-1 屿北后山的瀑布

具有耕读文化传统的屿北人,将山水精神与文化追求相结合,懂得如何创造一个优雅宁静的村居生活空间,构建村落景观,追求意境。"屿北十景"是汪氏先人对生活空间的意境追求,蕴含着具有典型地方特征的山水精神和文化内涵,点明自然环境背后的人文含义,即崇拜自然、君子比德和神仙思想。

1. 莲花出水

屿北村外围,峰峦环抱,有金山、昔山、阳山、屿山和尚山,犹如莲瓣,古村所在的盆地,宛如莲心。从村口到盆地中央有一隆起低丘,形状酷似莲茎。古村四周环绕水池水田,村周有两川潆洄。春夏季节,群山簇拥古村,溪水环绕盆地,遂成莲花出水。

"莲花出水"进一步渲染屿北汪氏先人的精神生活,在率真、清贫的耕读生活中将莲花与先祖汪应辰、汪应龙的高尚品德——

对应,借以咏志,寄托深远,建立起"出淤泥而不染,濯清涟而不妖"的正直独立的精神人格。

2. 二川环带

环村左右有两条溪流,左边溪流源于张家坑,从村东北涓涓然流经村南向西潆洄;右边溪流源于三面山下的峡谷中,奔流至村北湍湍然流经村西,同左溪汇合环绕于村庄四周,向东南曲折注入岩坦溪,形成曲水环抱的理想人居环境。

3. 双潭映月

村西岩坦溪有上下两处深潭,清可见底。若逢中秋夜深月明,潭水明月相映,便见浮光跃金,静影沉璧,仰看中天,一轮明月高悬,俯视潭底,水中映月,成就双潭映月美景。

4. 一屿为郭

村之西南矗立着屿山,被岩坦溪激流冲刷形成悬崖绝壁,扼入村之咽喉,成为天然城郭,故名西郭山。山中草木茂盛,古树参天,每当清晨旭日高照,或黄昏百鸟群栖疏林,景色蔚为壮观。

■ 图6-2　屿山

5. 金山毓秀

村东北方向的金山，山头圆而足阔，符合金木水火土的山形特征，故名金山。有《咏金山》诗云："毕竟菰田秀气浓，山书金字立村东。群民占取天然宝，胜似尘寰大富翁。"

■ 图6-3　金山远眺

6. 莲峰插云

村东北山谷，两山夹峙，一泓清流，树木葱茏，林荫郁茂。向东行1公里左右便是尖坑底，此地环境清幽，风景旖旎。一峰拔地而起，状如莲花直上云霄。

■ 图6-4　尖坑底宫

7. 仙叟登峰

莲峰半山腰有一奇岩高丈余，状如老翁，本地人称老人岩。银髻鹤发，怡然作登峰之势，白云翻飞，舞袖飘扬，衣衫蹁跹，尤为逼真。

8. 幽谷龙潭

尖坑底周围山高水险，莲花峰麓的幽谷中，有一深潭名为龙潭，潭虽不深，但清可见底，潭的三面峭壁悬崖，溪水出口处有天然石槛，横截潭水，两边高山成峡谷，仰头只见一线天日。酷暑炎热天，立于潭边，顿感凉气逼人，欲增衣衫。如遇久晴天旱，作物枯萎，稻禾干焦，村民便聚集于龙潭求雨，求龙铸神，金鼓喧天，号角震谷，阵势恢宏，是楠溪江上游名声极大的"求雨圣地"，真可谓"水不在深，有龙则灵"。

9. 黄狗蟠窝

楠溪江源流出自括苍山，自东北向西南蜿蜒起伏，山峰形状各异，在村北有山峰形如一黄狗蟠卧在窝中。据传曾有风水先生说："买骨归此明堂，儿孙定作帝王。"唐末五代时，福建霞浦赤岸徐雷、徐泽两兄弟入迁屿北，传至五世徐伏鉴墓葬选址于此山中。据传，建坟掘穴时，发现两块巨石，状如大鼓，当时就被凿去一个。因为坏了风水，所以徐氏后裔做高官的人不多，这种说法属于谬谈，但山丘形如黄狗蟠窝却是事实。

10. 仙女散花

屿北村附近的两座山峰，东西隔溪相望，溪东一山如女仰卧，溪西一山如男俯伏。每天早晨太阳升起之际，可见白露横溪，连贯两山，村民称这白露是阴阳两山之精气。

二、寄托情感的艺术表现

屿北古建筑和艺术淳厚丰富的文化内涵，承载着传统耕读文化的大量信息，把屿北的乡土风情和主人的生活欲求融入其中。

匾额、楹联、书画、雕刻、碑石、家具陈设、各式摆件等等，无不蕴涵中国古代哲学思想、文化意识和审美情趣，带有鲜明的时代痕印。按材料和技法分，有匾额楹联、雕刻雕塑、绘画及其他等三类。

（一）匾额楹联

宅以文益美，文以宅生辉。宅院要有名句佳联相配，才能越显神韵，传之久远。匾额楹联是中国传统建筑中常见的装饰物，体现了古建筑特有的生活情景和主人的追求及与建筑的关系。古时的屿北村，因科甲联芳、文教发达、仕宦辈出，与外界社会有着广泛的联系，一些官宦名儒、文人墨客，或因同宦、故吏的缘故与屿北村发生关系，他们有的与屿北汪氏联姻攀亲，有的与汪氏先人同窗共事，有的因汪氏有请而赐墨迹。留下许多文人气息很浓的匾

■ 图6-5 "寿考作人"匾

■ 图6-6 "耆年硕德"匾

■ 图6-7 "文元"匾

■ 图6-8 "选元"匾

额、门联。但岁月沧桑，特别是历经"文革"浩劫，许多珍贵的匾额、门联或古人画像等，不是被损毁就是不知去向，保存至今的甚少。但是，在逐户走访过程中，我们仍发现有十余块幸免于难的门额、门联、古人画像，大多是清代或民国时期的，由村民在"文革"时期"破四旧"时采取抹石灰砂浆、隐藏等办法，千方百计保存下来的，成为屿北历史文化的实物佐证。

现存的十余块匾额楹联，从内容上分为四类：第一类是祠、宅等称谓，仅起标识作用，没有其他的寓意，如尚书祠等。第二是科举功名类，如文元等。第三是主要是赏赐、褒扬、祝寿、功名匾，也有几块是颂赞节妇的匾额，是现存数量最多的一类。第四是仁义道德

■ 图6-9 "有勇知方"匾

类，如敦睦、廉德堪型、畅叙幽情等。匾额楹联的书写者主要是与屿北有关的官宦、文人，撰写匾额者上至皇帝、礼部侍郎、浙江都督、巡抚，下至知府、知县等各级官宦和文人墨客。汪氏的显赫出身和汪氏家族在楠溪江中上游的影响力可见一斑。这些门额、门联、楹联融诗文、书法与工艺美术于一体，用文学语言的手法表达了建筑物所要表现的景观和主人的人生情趣，名诗佳句成为宅院

■ 图6-10 "廉德堪型"匾

典雅的装饰物，也是宅院主人心灵的独白，彰显出主人的品格才情，通过其意、形，与环境和谐，使建筑物生机盎然，意境深邃，发人深思，引人入胜。这些匾额楹联既是建筑物的装饰品，又是在文化氛围的渲染上起了很好的作用。这些匾额楹联成

了民间书法的落脚点，上书的内容富有品德教训、传统文化内涵的门额，所书以楷书、行书为多。如"寿考作人"取自《论语·棫朴》中"周王寿考，遐不作人"之句，褒扬汪姓老人长寿不老，培育后裔成为有用之才；"耆年硕德"则称赞老人年长而德

■ 图6-11 "敦睦"匾

高望重；"有勇知方"则取自《论语·先进》中"可使有勇，且知方也"之句，称赞主人有勇气且知道义；"筠松节操"、"柏操松寿"匾额则是对节妇的褒扬之词。一块"文元"的匾牌高悬于过去的私塾宅院门上，以显示本家门读书进仕的成就。其实文元仅是副榜贡生，在乡试的前六名之外，但寒窗苦读终有结局，看到了做官的前程，也算是对读书人的一种回报。

■ 图6-12 翕和堂门匾

翕和堂"二水洄环分左右，三峰罗列属东南"则是村里少有的吟诵自然风光的楹联。原来，居住于此的汪公父子同是清同治、光绪年间的秀才，两人都攻文喜诗，他们在村北的阳山山麓建造七间两轩第宅一座，宅院四周山环水绕，景色秀美，于是写下了与古村宅院褒奖、恭贺内容全然不同的楹联，清新自然，文雅秀美。

（二）雕刻雕塑

雕刻雕塑是中国古建筑的重要装修形式，同时也是古建筑的审美价值所在，具有装饰性、实用性和艺术性。

封建社会中，等级秩序是一个极为重要的礼制，它不允许任

何社会成员有任何超越地位的表现，营建宅第也不例外。明清时期，对社会各阶层人的居住建筑有了法律明文规定。对住宅单体的规格、规模、色调、式样和装修图案和色彩等作了规定，重点是在门户和厅堂方面。《明史·舆服志》载，"官民房屋，不许雕刻古帝后贤人物。及日月、龙凤、狻猊、麒麟、犀、象之形"。《大清会典事例》载：府第房屋规制"……公侯以下官民房屋台阶高一尺，梁栋许画五彩杂花，柱用素油，门用黑饰；官员住屋，中梁贴金；二品以上官，正屋得立望兽，余不得擅用"。而对住宅群体规模、房屋数量、用地大小或雕刻工艺等方面并未有严格规定，于是村民采取通过对住宅进行以雕刻雕塑为主的装饰，提高建筑物的品位和内涵的方式来显示自己或家族在整个村落中的政治和经济地位。

木雕木刻是各类古建筑的主要装饰手段，分别装饰着建筑的斗拱、挂落、梁柱、雀替、硬挑、斜撑、门扇、绦环板、窗棂、槅心、垂柱等部件，以浮雕、漏雕、平面阴刻线为主。木雕不油漆、不上色，暴露着木材的自然纹路和质感，真实的刀法技巧，亲切平易，质朴随和。屿北村建筑雕刻主要是晚清时期的遗存物，秉承浙南地区一贯的简练意赅，朴实无华风格。题材广泛，有人物、山水、花卉动物、博古器装饰图案等类型。透雕多施于透窗、窗棂，主要为对称和规范化的图案，也夹杂一些人物、花鸟等较复杂的图案。浮雕多施于槅扇的绦环板、祖龛、家具等处，内容丰富，花样繁多，多是花鸟虫草、名胜古迹、楼台亭阁和博古八仙等内容，与皖南或浙西一带晚清古建筑装饰木雕相比，有戏曲故事情节的木雕相对较少，艺术水平也一般。但透过雕刻雕塑，我们还是能够体悟到巧夺天工的雕刻艺术，使人神迷的民俗文化和耕读社会的内涵。

尚书祠月梁上的清代木雕卷草纹，左右对称形成一组，手法简练，线条流畅，构图简洁。左侧一枝向中间伸出，表现草叶丛生长从卷叶到舒张的过程。由于草木是我们祖先早期采集活动的主要对象，有的可以当食物，有的可以编织生活用品，有的可以治病，均与生活息息相关，对解决食物和生活用品短缺具有重要意义，所以古人对植物的依赖性强，反映了植物的装饰占有重要地位。草叶卷纹象征驱邪、富贵和生命的绵绵无尽。干枝缠连理的卷草、花卉纹样在屿北大宅院的梁、栏杆、裙板、绦环板、雀替、格扇、门板等随处可见,如水流宛转,回环往复,既有夸张也有简化,既有添加也有组合,既有重复也有求全,生动地表现花卉植物的生命律动和缠绵不息,寓意着对财源滚滚的追求。

闲存堂的门窗木雕也相当有代表性,明间开六扇宫式格扇门,宽80厘米,次间开五扇宫式格扇门,宽

■ 图6-13 海棠花窗雕

75厘米,两侧各为四扇朴素的直棂长窗,也有海棠花形的长窗。海棠花形的长窗,海棠花花色艳丽,姿态娇媚,秀美不俗。有诗云:"雪绽霞铺锦水头,占春颜色最风流。"海棠花被誉为"花中神仙",又有"国艳"美称。一般文人借海棠尽展文人风流才华,象征高贵、风雅。

清代著名美学家李渔在《闲情偶寄·居室部》中,提出了以山水画作窗的居室审美理论,将居室、自然的天然构造与人的主体意识相融为一体,即非寒冷日窗户上不安窗棂,供房前屋后真山真水入窗,从室内观之,则可成妙趣天成的一幅山水画;冷时,

■ 图6-14 漏窗

则用厚纸作山水画贴于窗框上，即成"是山也可以作画，是画也可以作窗"的天然趣味。屿北冬不寒冷，夏无酷暑，大部分宅院作半开敞的窗棂，变李渔的天然景观为人工雕琢与自然山水景观结合，兼顾审美与实用。

花卉植物在平民百姓中常常是理想生活的寄托，具有强烈的功利内涵，寓意单纯而简单。建筑构件上雕刻的植物花卉一定要可吟可颂，具有象征意义。屿北的建筑装饰木雕不计其数，通过木雕内容及蕴涵的喻义，反映主人的思想和当时的社会经济风俗。

■ 图6-15　魁星

石榴花本是西汉张骞出使西域，从安石国带回石榴，称安石榴或海石榴。因其花色娇艳，花瓣重叠多褶，果实多子，有"千房同膜，十子如一"的形象，在屿北被广泛地用于建筑装饰图案，象征多子多福，家族兴旺。

牡丹被视为国色天香，寓意吉祥富贵、繁荣昌盛。宋代周敦颐《爱莲说》："自李唐来，世人甚爱牡丹……牡丹，花之富贵者也。"

陶渊明的名句"采菊东篱下，悠然见南山"使菊花成为归隐者精神面貌与生活状态的概括。把酒赏菊是文人的情趣所在，但在民间吉祥图案中，菊花被赋予了吉祥、长寿的含义，也使人联想到不畏强暴、与世无争、孤芳自赏的士大夫品格。菊花与喜鹊的组合寓意阖家欢乐。

蝙蝠因与"遍福"谐音，象征福到，被广泛用于建筑装饰。耋是八十高寿的意思，蝶与"耋"同音而被喻为长寿，蝴蝶与菊花（寓意长命百岁）、蝴蝶与牡丹花（寓意富贵长寿）。荷花形色清丽、花叶幽香、天生丽质、文雅秀丽，在木雕图案中也多有采用，雕的是花叶，喻的是人生，其出淤泥而不染的品格使人联想到人格理想。

在新坦98号宅院门框上有一30厘米见方的木雕，从依稀可辨的图案中，我们依然能够看出这尊石雕像为典型的魁星造型。魁星本是二十八星宿之一的奎宿。东汉迷信盛行，认为"奎主

■ 图6-16　万年青花瓶

文章"，古时称"魁，北斗第一星也"，宋代称状元为"廷魁"，前五名统称为"五魁"，将魁星与科举联结起来。魁星本是科举制度的产物，古代魁星信仰相当盛行，这尊雕像与崇尚"耕以致富，读以荣身"的屿北村文教发达、科运兴盛紧密联系起来，屿北汪氏一门八进士，父子双登进士榜所产生的"溪山邹鲁"的美誉就源自于宋代科举制度。这尊魁星雕像粗犷简练，右侧身，左手环抱胸前，手握书卷；右手上扬，托举官帽，立于鳌鱼之上，上有祥云环绕。意在用笔点定中试者的名字，称"魁星点斗，独占鳌头"。但明清以后，无

■ 图6-17　世外桃源

■ 图6-18　琴棋书画

可奈何的科举衰落，使村民往往无法理解其中深刻的社会经济政治背景，转而归于神灵的佑助，寄希望于神灵保佑家族中子弟读书上进、科场登第、荣归故里、光宗耀祖。

木雕图案中出现较多的都是一些吉祥赐福、富贵长寿、廉洁儒雅等喻意的图案，如：喜鹊与菊花、喜鹊与石榴、凤凰与牡丹、牡丹花与白头翁（寓意为富贵白头）、喜鹊登枝（寓意喜上眉梢）、琴棋书画（寓意儒雅秀美）、一品清莲（寓意清高廉洁）、修竹劲松（寓意一举及第）、杏林春宴（寓意玉树临风）、玉树锦鸡（寓意五德俱全）、凤凰戏牡丹（寓意荣华富贵）、万年青、灵芝等因其音与福禄寿等相同，也倍受尊崇。

■ 图6-19　蝴蝶

■ 图6-20　人物故事

屿北的石雕石刻主要施于建筑的柱础石、墓葬等处，技法多为线刻和浅浮雕，常见于经济实力较强的大户人家或公共建筑，以对称连续的如意、卷草纹样图案为主，简单抽象。由于楠溪江流域山体大多为坚硬的花岗岩,不适宜精雕细凿,村里雕刻有人、动物等对材质、雕刻技艺要求高的复杂图案的较为少见。

灰塑是一种灵活机动的艺术装饰手段,用于包括门楼、瓦当、屋脊吻兽等的建筑装饰,是小尺寸、非承重的装饰构件。现存大部分灰塑损毁情况相当严重,图像模糊不清。

■ 图6-21　石雕纹样

(三) 绘画及其他

■ 图6-22　先祖彩像一

屿北村现存绘画遗物从内容上主要分为建筑装饰绘画和人物画两类;技法上分为彩绘和墨绘两种。尚存不多的建筑装饰绘画图案多为寓意吉祥如意、多子多福的山水花卉、吉祥动物和戏剧故事、神话传说等。建筑彩画集中在屿北宫主殿和戏台的天花藻井、望板、门扇等处;人物画像多绘在质地较好的宣纸上,由村民个人珍藏。作画颜料多用传统植物染料加牛骨胶拌和而成,可以保证长时间鲜艳而不褪色。屿北宫内的一对彩绘门神年代已久,依然和蔼可亲;尚书祠内

■ 图6-23　先祖彩像二

的彩画已严重损毁，村里将散失的残缺碎片拼合成一块块互不关联的隔断，色彩依旧，但其中的内容已不可辨认；村民珍藏了160多年的先祖画像，栩栩如生。

屿北先人除了在建筑及其构件上渲染装饰，表达自己对生活的感受、对理想的追求外，还将自己的愿望和诉求反映在家具等日常生活用品上。

鹅兜是楠溪江流域常见的，供洗衣或小孩洗浴用的木制水盆，因将木盆把手做成修长的鹅颈状，富于艺术想象力和感染力而得名，是浙南地区特有的日用生活品，据传与王羲之有几分瓜葛。王羲之，世称"王右军"，东晋时任永嘉太守，一生最爱好的就是练字和养鹅，使字与鹅结下了特殊缘分。沈括的《梦溪笔谈》里记载，江南一带有称鹅为

■ 图6-24　彩画

"右军"的,足见王羲之与鹅的密切关系。王羲之爱鹅、养鹅、悟鹅,以鹅为神形而练字,他写的独笔"鹅"字声名远扬。王羲之在永嘉为官给百姓留下了美好的印象,为了纪念他,群众便请木匠以鹅形做成鹅兜,日日使用,天天相见,在楠溪江地区沿用至今。楠溪江传统婚俗中,仍是女孩出嫁的必备品之一。

■ 图6-25 鹅兜

看上去一高一矮的两把木制椅其实有着不同的功能,高的那张是普通的座椅,矮的那张则是妇人专用的绣花椅,正好和绣花绷架的高度相匹配。温州地区的传统手工艺——瓯绣历史悠久,独成一派,是妇女人人都会的

■ 图6-26 木雕床

手艺，檐廊下的女子端坐于雕有如意图案的绣花椅上飞针走线、巧手生花，好一幅男耕女织的乡村社会图景。即使是像坐椅、餐橱、床等家常用具，也丝毫不敷衍，精美的艺术图案雕凿于其中的各个部位，透映出屿北农家平淡生活中的艺术境界和理想诉求。雕花古床上的木雕花样繁多，古色古香，除了床板、床档、床架外，几乎通体都有雕刻图案。

■ 图6-27　绣花椅

本章参考资料

[1] 居阅时：《庭院深处——苏州园林的文化涵义》，生活·读书·新知三联书店，2006年

[2] 周苏宁：《园趣》，学林出版社，2005年

[3] 计成著，陈植注释：《园冶注释》，中国建筑工业出版社，1988年

［4］周维权：《中国古典园林史》，清华大学出版社，1990年

［5］彭一刚：《中国古典园林分析》，中国建筑工业出版社，1996年

［6］金学智：《中国古园美学》，江苏文艺出版社，1990年

［7］王灵芝：《江南地区传统村落居住环境中诗性化景观营造研究》，浙江大学硕士学位论文，2006年

［8］杨大洲：《中国徽州木雕：人物集》，浙江摄影出版社，2003年

［9］李亮：《诗画同源与山水文化》，中华书局，2004年

［10］薛富兴：《东方神韵——意境论》，人民文学出版社，2000年

［11］［美］明恩溥：《中国乡村生活》，时事出版社，1998年

附　　录

一、屿北村各级文物保护单位、文物保护点一览表

屿北村各级文物保护单位一览表

名称	级别	类别	年代	产权	地点	现状	公布时间
汪应辰墓	县	名人墓葬	南宋	公	屿北村后棠湾	完好	2003年
汪逵墓	县	名人墓葬	南宋	公	岩坦镇屿西	完好	2003年
尚书祠	县	纪念建筑	南宋	公	屿北村南	较好	2003年

屿北村文物保护点一览表

名称	类别	年代	产权	地点	现状
屿北武装起义纪念碑、亭	革命旧址	1985年	公	村西入口处	完好
荷花坟	墓葬	南宋	公	尚书祠左侧	完好
三条桥	古建筑	唐	公	村外东南屿山山脚	完好
中共瓯北中心县委旧址	纪念建筑	1975年重建		村东北	完好

（续表）

昭福寺	古建筑	唐	公	村西	遗址
闲存堂	古建筑	清	私	村中心街	较好
屿北宫	古建筑	清	公	村北	较好
汪氏五房民居 （三祝堂）	古建筑	明末 清初	私	村内	破损
护寨河、 护寨墙	古代文化 遗址	清	公	环绕屿北村	一般
殿前桥、 石拱桥	古建筑	明	公	屿北村外东 南屿山山脚	一般
月街头 祠堂	古建筑	清初	公	村东南	一般
六份祠堂	古建筑	清初	公	村下街南路	较好
蒙馆 （禄德堂）	古建筑	明末	私	村下街南路	一般
更新堂 （豆腐坊）	古建筑	清	私	村北	一般
钟寿堂 （纺织坊）	古建筑		私	村中	较好
古井1、古井2	古建筑	南宋	公	村内	完好
茂秀堂	古建筑	清	私	村东北	较好

二、旅游小贴士

气候和衣着 屿北村全年平均气温约18摄氏度，冬无严寒，夏无酷暑，温润宜人。12月到次年2月的冬季，最低气温零下4摄氏度，早晚可能稍冷，准备一件厚毛衣即可。

交通 从温州市区到屿北约有70多公里路程，从火车站到安澜亭码头乘出租车约15元，坐上渡轮到瓯江北岸瓯北镇，或乘由温州火车站广场始发，到瓯北的50、51路和到上塘的60路公交车，公交车费3.5元。可在瓯北或上塘镇搭乘去仙居、黄南、林坑的班车，直接在屿北村下车，也可以搭乘到岩坦镇的班车，约15—20分钟一班，到岩坦后，再转面的或机动四轮车到屿北，班车票价15元，面的4—6人，每次5元。沿途纵穿楠溪江国家重点风景名胜区，可以饱览水秀、岩奇、瀑多、村古、滩林美的楠溪江胜景。建议坐渡轮在瓯北转车，可节省很多时间。

从杭州方向来的自备车可直接从仙居县城往南沿41省道到屿北，或搭乘仙居到永嘉、温州方向的班车，每天约有8个班次，约50公里路程就可到屿北村。此线路深入括苍山腹地，原生态自然山水扑面而来，景色绝佳。

到2010年，从温州、杭州两个方向均可沿诸永高速公路在岩坦出口下，往北约1公里到屿北村。

住宿　村里新落成的办公大楼附设有带卫生间的2、3床位客房，共九间，可供住宿，但床位有限，旺季或人数较多时就需要去岩坦镇住宿，镇上的几家旅馆均集中在车站附近，条件一般。带热水、卫生间和彩电的客房，每间40—60元/天，没有电话和网线。

餐饮　村办公大楼附设有为客人服务的餐厅，整洁宽敞，一次可容纳百人就餐，菜肴的地方口味浓郁。岩坦镇多个体经营的小餐厅，每人5元左右能吃到自产的粉干、索面、芋饺、麦筒饼等地方风味食品和绿色蔬菜，色香味佳的永嘉田鱼也是当地的特色菜。

游览看点　村庄的"莲花出水"形胜和传统风貌；岩坦溪滩林；寨墙、寨河、寨门等防御设施；尚书祠、六分祠堂、大川祠堂等宗祠；道教圣地——屿北宫、三官爷庙等；钟寿堂、茂秀堂、闲存堂、禄得堂、翕和堂、秀才宅第等十余处深宅大院；新坵"船形田"和三进九明堂遗迹；众多的匾额、木雕等；屿北武装起义纪念碑亭和中共瓯北中心县委旧址；索面、纺织、酿酒、榨油、印染、豆腐、缫丝等传统作坊与工艺；古井、古桥、古山道和关爷庙遗迹、汪状元墓等。

后　记

——屿北古村的复兴之路

　　完好地保存了村落传统格局和大量历史建筑的屿北古村，是人与自然和谐相处文化景观的杰出典范，也是楠溪江流域耕读文化和非物质文化遗产的典型代表。可是在屿北村及楠溪江中上游的古村落，我们所见到普遍的现象却又使人真切地感到古村落正处在一种矛盾的局面：古村落的文化遗产一方面在发掘弘扬，另一方面却在瓦解和消亡。发扬光大主要是各级政府、文化建设部门和学者自上而下推动的；瓦解和消亡则是经济社会发展过程中集体无意识，是潜移默化的社会文化变迁。矛盾的两方面皆由不可阻挡的力量所左右，即改革开放的大环境。

　　2006年6月，屿北村被浙江省人民政府批准为浙江省历史文化村镇，并成为楠溪江国家重点风景名胜区的主要景点之一，这是千年屿北发展的历史转折点，标志着屿北发展进入了新的历史阶段。浙江省历史文化村镇的称号是振奋、增强屿北人民自信心、自豪感和创造力的新起点，屿北的历史文化也让村民认识自己的历史、了解祖先的成就、热爱自己的家乡、鼓起建设好自己美好家园的信心和勇气。以古建筑为代表的物质文化遗产引起了越来越多的关注、探究和兴趣，小规模、零星的建筑修复和整治在不断进行，有更多的历史故事和实物被挖掘和展示，历史文化出现弘扬光大的良好势头。

　　但是，经济和民生的诉求使屿北古村面临保护与发展的困局，令人忧虑的变化一直在持续不断地发生，主要表现在：一是随时间推移，古村落、古建筑进入生命晚期，产生不可逆变化，而建

筑一旦倒塌损毁就不可再生；二是现代化发展背景下，耕读文化
与宗族力量早已退出历史舞台，村民价值观呈现多元状态，对祖
祖辈辈生于斯长于斯的古村落怀有十分复杂矛盾的心态；三是寻
求突破传统农业经济发展格局的努力，在政策框架和制度约束下
举步维艰。

（一）保护与现代生活矛盾

随着村民外出经商务工人数的大量增加和生活水平的提高，
村民日常生活发生了很大的变化。现代化家电设备进入寻常百姓
家庭，卫生设施、生活条件的改善反映了村民对提高和改善居住
环境的强烈意愿。而重点保护的古建筑结构寿命均已超期使用，
平面格局和现代生活方式不相适应，对保护工作构成矛盾和难
题。虽然，古村基本格局和整体空间依然保持完整，但经历了几十
年、上百年的风吹雨打和人为损伤，古建筑面临着保护与现代生
活的矛盾：一是许多古建筑已经倒塌，更多的古建筑行将倒塌；二

是许多古建筑已经进行多次改建或翻建,古建筑真实历史信息被毁,原真性荡然无存;三是在村庄新建了住宅,但是其建筑形式、体量、材料、色彩、风格等与屿北古村的整体历史风貌极不协调,部分街巷的道路铺装、空间尺度、历史景观也有很大改变。

古村原有基础设施和住宅卫生设施缺乏,早已不能适应现代化生活需求,卫生与环境条件恶化。村内湖池淤积、水渠堵塞、管线散乱,街巷环境卫生状况差;生活污水随意排放;生活垃圾随意丢弃;鸡鸭禽畜自由散养成了卫生与环境条件恶化的主要原因。现代化的城镇生活实态与部分村民落后的生活习俗和观念反差较大,与营建旅游景区软硬件环境的要求还有相当大的差距。

(二)保护与经济发展的矛盾

首先,出于改善生活条件,增加收入的需要,村民在经营过程中对原建筑进行改建,经营现代商品,提供服务。但经济活动的形式和内容与古村落风貌环境保护要求产生矛盾和负面影响,"建设性"破坏现象日趋严重;其次,青壮年劳力外流和人口老龄化使古村丧失了最有生气、最有活力的创新主体,村落经济因此缺乏活力和蓬勃发展的态势;三是历史上商品化程度较高的传统商品和传统工艺,由于市场需求变化或劳动生产率太低而丧失市场竞争力,这些需要保护弘扬的文化遗产逐渐式微甚至消失。

(三)保护与资金匮乏的矛盾

近几年,省有关部门和县人民政府投入了一部分保护资金,但相对于屿北古村保护工作量而言,依然是杯水车薪。许多文物古迹、古建筑、古构筑物年久失修,破损严重,亟待进行积极的修缮和维护。有关民生的基础设施建设,卫生和环境设施整治建设等更需要投入大量资金。

(四)保护与管理落后的矛盾

历史文化村镇的保护建设管理是一门学问,没有高素质、有文化、懂管理、会经营的人才就不可能完成保护建设的艰巨任务。

屿北古村有文化、会经营的人才大多在外务工经商,其中不乏事业有成的企业家、高级管理者。古村保护的管理机制、管理制度、管理人才都还是空白,村庄规划相对滞后。由于缺乏必要的培训和实践,村干部对古村落保护建设是边学习边摸索,存在一定的盲目性,而村庄保护建设又不能事事依赖上级或专业部门,历史文化遗产保护和村庄建设管理任务任重而道远。

此外,政策层面上的限制也是屿北古村保护的瓶颈。如要采取国内外古村落保护比较成功的"分区发展"模式,就必须解决保护区内村民外迁新区的周转建设用地。但国家宏观调控严格控制农用地转为建设用地后,农村建房的土地供给几近于零,没有特殊和灵活的宅基地政策,按照目前村民建房只能"拆旧建新"的做法,古村落将很快会变得面目全非。

屿北历史文化村镇的保护和发展一是要遵循保护历史真实性原则。尽可能多地保护真实的历史遗存,从尊重历史、延续历史、传承历史的角度,对历史建筑积极保护维修整治。二是要遵循保护传统风貌的完整性原则。不但要保护建筑物本身,还应保护包括道路、寨墙、溪流、古树、小桥和山水环境等在内的构成环境风貌的各个因素,做到尊重历史痕迹,统一整体风貌。三是要遵循维护生活的延续性原则。在改善生活条件的前提下,鼓励村民继续在古村落内生活和生产,展现和保护乡土生活多样性的文化价值。

要想走出保护和发展的困局,屿北古村要树立建设开发与保护培育相结合;经济发展与文化传承相互动;传统建筑与现代生活相融合的发展理念。

(一) 建设开发与保护培育相结合

在当今全球经济一体化和社会变革快速发展的背景下,不应企图以文化遗产为摇钱树,纯粹用以推动当地旅游及经济发展。其实无论是物质还是非物质文化遗产都是十分脆弱的,对村庄的过度开发将对古村落造成严重的负面冲击,不仅可能损耗原生的历史文化遗产,甚至剥夺了本村的参与性和参与层面。古村落保护应能缓慢推动文化多元性的可持续发展，切莫急功近利。

村庄是一个不断发展、更新的有机体，屿北古村要实现现代化，建成小康社会，使村民过上富裕生活，就必须走新区建设开发与古村保护培育相结合的路子。古村保护重点是山川形胜、河湖水系、古树名木等村落选址的自然背景，汪氏后人生产、生活、休憩形成人文景观的自然条件等自然环境；村民生产生活创造产生的物质环境、历史文化遗产等人工环境；体现自然和人工环境两者历史文化内涵和反映村民社会生产、生活习俗、情趣、文化艺术、礼仪风俗的人文环境等三个部分。新区开发建设则应与古村传统风貌相协调，可以适当安排不宜在古村内布局的交通、商业、旅游服务和小型农产品初级加工厂等功能。

（二）经济发展与文化传承相互动

按新农村发展的规划布局原则，工业要逐步向城镇工业园区集中，一般村庄不再安排工业企业。生态绿色农业、历史文化与"红色"旅游及服务业宜成为屿北经济发展的主要选择，对教育程度较高、经济收入较稳定和年龄渐长的游客来说，积极寻找跨文化的接触与体验，深入地方历史文化、生态和绿色旅游具有特定的吸引力。但是外来游客的大量涌入，不仅可能对一个地区的交通、公共卫生等基础设施造成过度的负荷，从而破坏了原有的环境。游客本身的生活习性及偏好也加速了生活形态、文化与价值观的同构化，从而失去了地方文化的特征。

许多地方古村落发展实践证明，旅游发展是传统文化复兴传承很好的平台。通过传统民间文艺、传统手工艺的表演，产品的纪念品或工艺品定位，文化产品的品牌建设等措施，可以扩大地方文化的影响力，提高手工艺产品的附加值，实现经济发展与文化传承的互动。传统民俗称谓与现代时尚内容的结合，亦古亦今，相映成趣，只是知道内在涵义的人真的很少，工作人员的理解、宣传或许能扩大传统民俗文化的影响力，但要防止为迎合游客的口味而丧失地方传统文化的原汁原味。

生态绿色农业是很有发展前景的产业，屿北村在绿色蔬菜、瓜果种植方面已经有了一定的基础,生态绿色农业生产要向专业化、品牌化、商品化、生态化方向发展,在文化旅游、乡村旅游的推动下,增加农产品的附加值,实现生产发展,农民增收,走出一条不靠工业奔小康的新型发展道路。

（三）传统建筑与现代生活相融合

建筑是一种生活模式的表现,我们不能也不应抽离了现实时空,把乡土建筑局限于某一特定的社会或历史范畴内,变成一个特别的个体去考虑,这种研究方法和态度只适用于博物馆内一些不复生长的文化遗产和历史文物。乡土建筑是活生生的东西,是今天许多不同种族的人类面对现实的居住问题而产生的创作,我们在了解起源的同时,更要考虑其不断的变化,给居民提供现代生活环境和条件,以适应明天的社会。景观上的原生态生活状态,实质上的现代生活质量,保护村落格局,保存建筑外貌,改造内部设施是传统建筑与现代生活相融合的主要途径。

笔者坚定地认为,古村保护是前提,再生才是目的:保护以延续历史空间形态,再生以延续和发展生活形态,保护和发展的终极目标则是构建和谐宜人的人居环境。实地考察、深入探究后的理性思考,对屿北村可持续发展的努力方向渐渐地清晰起来:耕读传家生活村落、水绕山环风景村落、积厚遗远人文村落、传统风貌旅游村落,是形成屿北古村鲜明的场所精神和楠溪江风景名胜区靓丽的人文景观的前提,也是屿北古村未来发展的必由之路。

我们期盼千年古村——屿北的复兴,祝福耕读文化传人拥有美好的未来。

终稿于2009年4月2日

鸣　谢

　　选择楠溪江古村落研究课题,一方面出于个人对楠溪江乡土建筑、古村落及其耕读文化现象的浓厚兴趣,另一方面确实感到楠溪江古村落的保护现状令人担忧,传统建筑和村落风貌就如同风烛残年的老人,再不进行抢救性研究的话,就会不久于人世。而古村落的湮灭对楠溪江耕读文化无疑是毁灭性的打击,甚至可以说是对中国历史文化遗产的重创。

　　在本课题研究和写作过程中,得到了同事、朋友和家人的支持和帮助,在本书即将付梓之际,谨借此一页表达我由衷的感谢。

　　感谢温州市城市规划设计院原院长丁俊清先生。他对于温州乡土建筑和居住文化研究具有很高的造诣, 在他的热情推荐下,我们最终确定以屿北古村为研究对象开展古村落研究工作。研究过程中, 丁先生毫无保留地为我们的研究提供资料和技术指导,为本书的最终完成奠定了基础。

　　感谢汪益革等一批屿北籍乡亲一次次给予的多方面关怀和支持,戴岩梁老先生深厚的国学功底和对楠溪江历史文化、民俗风情的熟悉使我们自叹不如,让我们受益匪浅。

　　感谢永嘉县政协、岩坦镇政府为我们的工作提供便利的条件。感谢汪王德书记、汪世昂村长的热情接待和大力支持,山里人特有的淳朴民风、开朗性格、勤劳工作留给我们的印象将令我们终身难忘。

　　还要感谢浙江工业大学吴涌、林冬庞老师和建筑学2003级1班的朱魏丰、汤军、陈宗炎、郑云琦、沈萍萍、戴少华、江申、魏彬彬、金路、郦亦均、陈莉霞、陈栩燕、方挺同学，中国传媒大学宋寒同学，他们曾和我一起进驻条件艰苦的乡村，吃住在农家，冒着酷暑考察、测绘，整理了乡土建筑资料，为本研究的顺利进行作出了贡献。已毕业离校的这些同学如今活跃在各自的工作岗位上，但在大学学习期间的辛勤劳动成果将长久地留存下来。

最后，感谢浙江大学出版社的宋旭华编辑，为本书的出版倾注了大量的心血和努力，感谢浙江大学城乡规划设计研究院张扬所长在百忙之中抽出时间为本书奉献了精美绝伦的影像记录。

宋绍杭

2009年春于杭州

图书在版编目(CIP)数据

屿北:楠溪耕读村 状元归隐地/宋绍杭等著. —杭州：浙
江大学出版社,2010.3(2015.5 重印)

ISBN 978-7-308-07422-3

I. ①屿… II. ①宋… III. ①村史—研究—永嘉县
IV. ①K295.55

中国版本图书馆 CIP 数据核字(2010)第 040987 号

屿北：楠溪耕读村 状元归隐地

宋绍杭、赵淑红、邰惠鑫著

责任编辑	宋旭华	
装帧设计	魏　清	
出版发行	浙江大学出版社	
	（杭州市天目山路 148 号　邮政编码 310007）	
	（网址：http://www.zjupress.com）	
排　　版	杭州大漠照排印刷有限公司	
印　　刷	杭州余杭人民印刷有限公司	
开　　本	880mm×1230mm　1/32	
印　　张	6.75	
字　　数	188 千	
版 印 次	2010 年 3 月第 1 版　2015 年 5 月第 2 次印刷	
书　　号	ISBN 978-7-308-07422-3	
定　　价	32.00 元